中国传统法律文化的发展与影响研究

张同修 杨 敏 樊英杰 著

北京工业大学出版社

图书在版编目（CIP）数据

中国传统法律文化的发展与影响研究 / 张同修，杨
敏，樊英杰著 . — 北京 ：北京工业大学出版社，2021.5（2022.10 重印）
ISBN 978-7-5639-7964-6

Ⅰ. ①中… Ⅱ. ①张… ②杨… ③樊… Ⅲ. ①法律－
传统文化－研究－中国 Ⅳ. ① D909.2

中国版本图书馆 CIP 数据核字（2021）第 108587 号

中国传统法律文化的发展与影响研究
ZHONGGUO CHUANTONG FALÜ WENHUA DE FAZHAN YU YINGXIANG YANJIU

著　　者：	张同修　杨　敏　樊英杰
责任编辑：	郭志霄
封面设计：	知更壹点
出版发行：	北京工业大学出版社
	（北京市朝阳区平乐园 100 号　邮编：100124）
	010-67391722（传真）　bgdcbs@sina.com
经销单位：	全国各地新华书店
承印单位：	三河市元兴印务有限公司
开　　本：	710 毫米 ×1000 毫米　1/16
印　　张：	8.5
字　　数：	170 千字
版　　次：	2021 年 5 月第 1 版
印　　次：	2022 年 10 月第 2 次印刷
标准书号：	ISBN 978-7-5639-7964-6
定　　价：	60.00 元

作 者 简 介

　　张同修，男，四川大学助理研究员，毕业于四川大学，先后获得文学学士、文学硕士学位，主要研究方向为世界文学、教育决策、思想政治教育。

　　杨敏，女，四川大学法学院在读博士研究生，先后获得文学学士、文学硕士学位，主要研究方向为法律文化、西方文学。

　　樊英杰，女，成都大学马克思主义学院思想道德修养与法律基础教研室主任，副教授，毕业于四川大学，先后获得法学学士、法学硕士及法学博士学位。

前　言

　　美国法学家弗里德曼有一句名言："法典背后有强大的思想运动。"这句话准确地说明了法律问题不仅仅只是法律问题，同时也是文化问题。因此必须要有相应的法律文化支持才能实行法治，而进行法治转型也必须有相应的法律文化作为保障。

　　法律文化是传统意识形态下的文化体现，是国家治理过程中所必需的文化类型之一。中国传统法律文化经过了不同历史阶段的积淀，体系日趋完善，并为新时期中国特色社会主义法治国家的建设提供了较为丰富的参考经验。

　　世界各国的法律文化都是在人类漫长的历史实践中逐渐形成的，是人类文明的重要组成部分，而法律仅仅是这种法律文化在一定时期的外在表现。我国的传统法律文化博大精深，在封建社会极大地推动了社会的进步。在当今社会，如何将我国传统法律文化中的优点加以发扬、对其缺点予以改进，已经成为我国社会主义法治建设亟待解决的问题。

　　笔者认为，我国在建设社会主义法治国家的过程中，不仅需要大力引进西方法治观念，而且应当将我国的传统法律文化与西方法律观念进行结合；既要继承我国传统法律文化，弘扬民族精神和传统理念，又要以公平、正义为原则，吸收西方法治文明。只有这样才能开辟一条适合中国国情的现代化法治之路。

　　本书共分为七章：

　　第一章对中国传统法律文化研究的背景进行了详细论述。

　　第二章以更加全面的视角对中国传统法律文化的内涵、价值与特征进行了详细分析，明确了关于中国传统法律文化研究的重要意义，并深度解读了中国传统法律文化。

　　第三章围绕中国传统法律文化的发展脉络，对中国多个具有代表性的历史时期的法律文化进行研究，从而厘清中国传统法律文化的发展脉络，深化对中国传统法律文化发展的认识。

　　第四章就中国传统法律文化现代化的背景进行分析，指出中国传统法律文化现代化的必要性，并以多元化的视角讨论中国传统法律文化与现代社会发展之间的冲突，指出中国传统法律文化现代化的具体发展路径。

　　第五章详细阐述了中国传统法律文化对法治现代化的积极影响，具体包括"以德为主"与"德法并举"的治国方略、"无讼息争"与现代社会的调解机制、"重义轻利"与现代社会的义利取向、"民本思想"与现代社会的"以人为本"四个方面。

　　第六章重点围绕中国传统法律文化与中国特色社会主义法律文化之间的关系进行讨论，以弘扬优秀传统法律文化为核心，取其精华，去其糟粕，详细分析以传统法律文化为支撑的中国特色社会主义法律文化体系建设的重点内容，从而为完善中国特色社会主义法律文化奠定理论基础。

　　第七章从和谐社会视角出发，对中国传统法律文化进行反思，为中国特色社会主义和谐社会发展与现代法律文化体系的构建提供可参考的意见和建议。

　　笔者在撰写全书的过程中参考查阅了大量文献资料，吸收了许多宝贵经验和建议，获得了有关部门和同事的大力支持和帮助，在此向他们表示诚挚的谢意。因笔者水平有限，本书难免存在一些疏漏，在此，恳请同行专家和读者朋友批评指正。

目 录

第一章　绪　论

中国传统法律文化在中国几千年的社会发展过程中曾经有过灿烂辉煌的历史，这一点，我们毋庸置疑。但是在人类文明高度发达，尤其是现代法治理念深入人心的今天，中国传统法律文化却处于一种尴尬的境地——在一些人的心目中，其几乎成为一种落后文化的代表。中国传统法律文化中的专制、特权、尊卑、贵贱、封闭等消极的一面，与现代意义的民主、权利、自由、平等、开放等价值观几乎格格不入，不利于中国当前的法治建设，甚至会阻碍整个社会的发展。但仅就此而全盘否定中国传统法律文化，是万万不可的。民族文化的传承是很难也是不应该被我们割断的，一个民族的进步离不开文化的发展，文化的发展只有在传统的基础上得到不断改进和完善，才能更好地被民众吸收、消化和认同。我们在对比中西方文化时，更习惯于关注两者的差异，而往往忽略两者的共性。

随着改革开放的加强和社会的深入发展，近年来学界对中国传统法律文化的研究态度由最初的淡漠变得愈发重视起来，从一味批判转为重新冷静地审视，这不得不说是一个好的开始。但中国传统法律文化的价值究竟有多大，可以被我们今天的法治建设拿来利用的资源到底有多少，以及这些资源如何在当今的法治建设中发挥作用或者说如何实现这些传统法律文化的当代价值，都需要我们做进一步深入的研究、探讨和论证。

就是在今天，对于中国传统法律文化，学界也多持批判态度，认为其与现代法治理念冲突，甚至格格不入，能够为现代法治建设所利用的资源极其有限。一些学者甚至将中国法治建设步履维艰的困难局面基本上或者完全地归咎于中国传统法律文化的消极影响。对中国传统法律文化持批判态度的学者，更多的是看到了它消极的、落后的一面，并对它今后的传承和发展不抱有太大的期望。自党的十五大首次将依法治国作为我国的治国方略和现代化建设的目标以来，法治建设便越来越深入人心，在这场法治现代化的进程中，如何正确地看待和评价中国的传统法律文化？它在中国当前的法治建设中究竟该扮演何种角色？中国的法治进程是否必须利用传统法律文化？如果是，又该如何利用它，并让其发挥出最大的功效？……这些问题都关系到中国传统法律文化的命运乃至中国法治的未来，需要我们慎重对待、认真思考、努力解决。

尽管中国传统法律文化与现代的法治精神有着诸多的冲突和背离，但还是有一些学者对它的未来和前景持较为乐观的态度。中国传统法律文化是中华民族几千年来的文化积淀，是民族智慧的结晶，无论是其中的法律规范、制度，还是由各项制度所反映出的民族法律精神，都在一定程度上反映了古代中国法制的健全，而且古代的法律从总体上很有效地保证了中华民族的延续和发展，也曾经很好地促进了社会的稳定和经济的繁荣。故而，我们今天的法治建设不能轻易地丢弃传统法律文化，而应当继续吸收和发扬优秀的中华传统法律文化。具体来说，我国传统的法律文化有两个基本的现代价值：一是我们吸收它，可以增强中华民族的凝聚力、自豪感和自信心，减少我们对传统的排斥，减少我们对民族的怀疑；二是可以使我国的法治建设取得更大的发展空间，在我们批判地继承传统法律文化时，加强我们对传统文化的反思与借鉴。传统的法律文化是我们今天建设新的法律文化的起点。

不可否认，中国传统法律文化之中的确存在许多糟粕，譬如宗法等级主义、皇权专制主义、法律工具主义、泛刑事主义等明显不符合现代法治精神的内容。但同样不可否认的是，中国传统法律文化之中也蕴含一些能够穿越时空的、较为恒定的、符合人类共同追求的成分和元素，这些成分和元素正是它的精华所在。我们在今后的研究和实践过程中所做的，就是要更加全面深入地认识和了解中国的传统法律文化，充分挖掘其中的合理部分，并对这些优良的资源加以继承、发展、改造和利用，从而更好地为我国的法治建设服务。中国传统法律文化是我们今天法治建设的基础，也是我们构建新的中国法律文化的起点。我们必须在学习和借鉴国外的先进理念与制度的同时，本着扬弃的态度，批判地继承和发展我们自己的传统法律文化，逐步地实现优秀的传统法律文化与现代法治精神的融合，这是中国传统法律文化实现蜕变的最好出路，也是中国法治建设的未来。

第二章 中国传统法律文化的内涵、价值与特征

中国传统法律文化是法律文化的重要组成部分，它在儒家思想的影响下，形成了以"德""礼"为基石的法律理念，对当代中国法治建设有着深远的影响。首先，中国传统法律文化中的"法贵严明"思想强调了君臣共同守法及执法严明的重要性，对我国的法治建设具有重要的示范意义；其次，中国传统法律文化注重预防犯罪和对犯罪分子的改造；最后，中国传统法律文化中的人文精神也对今天的法治建设有着重要的影响，董仲舒"天人合一"的哲学思想，奠定了中国古代法律实践活动的价值观。

第一节 中国传统法律文化的内涵

一、文化

文化是一个与空间相对的概念，一个民族的文化，是这个民族相对于其他民族的不同做法和措施，或者对同一事物的不同看法，对同一事情的不同处理方式。对此，许国璋先生曾说，文化研究与文明研究不同，文化随民族而异，文明随时代而异。后者相对于概念，相对于野蛮，相对于过去的改善，属于另一个研究领域。然而文化研究是对一个民族处世方式、对事态度等问题的发生、变化与演进的研究。

传统的观念认为，文化是人类在社会历史发展过程中所创造的物质财富和精神财富的总和。它包括物质文化、制度文化和心理文化三个方面：物质文化是指人类创造的物质文明，包括交通工具、服饰、日常用品等，是一种可见的显性文化；制度文化和心理文化分别指生活制度、家庭制度、社会制度以及思维方式、宗教信仰、审美情趣，属于不可见的隐性文化，包括文学、哲学、政治等方面的内容。人类所创造的精神财富，包括宗教、信仰、风俗习惯、道德情操、学术思想、文学艺术、科学技术、各种制度等。

狭义的文化就是在一定的物质生产方式的基础上发生和发展的社会精神生活形式的总和，指社会的意识形态以及与之相适应的制度和组织机构。1871年，英国文化学家泰勒在《原始文化》一书中提出了狭义文化的早期经典学说，即文化是包括知识、信仰、艺术、道德、法律、习俗和任何人作为一名社会成员而获得的能力和习惯在内的复杂整体。

文化也可以称之为社会团体共同的思维特征。不管"文化"有多少定义，但有一点还是很明确的，即文化的核心问题是人。有人才能创造文化，文化是人类智慧和创造力的体现，不同种族、不同民族的人创造不同的文化。人创造了文化，也享受文化，同时也受约束于文化，最终又要不断地改造文化。我们既是文化的创造者，又是文化的享受者和改造者。人虽然要受文化的约束，但人在文化中永远是主动的。没有人的主动创造，文化便失去了光彩，失去了活力，甚至失去了生命。我们了解和研究文化，其实主要是观察和研究人的创造思想、创造行为、创造心理、创造手段及其成果。

不同的学科对文化有着不同的理解，具体包括以下几个角度。

（一）哲学角度

哲学认为文化从本质上讲是哲学思想的表现形式。一般来说，哲学思想的变革引起社会制度的变化，随之变化的有对旧文化的镇压和新文化的兴起。

（二）存在主义角度

文化是对一个人或一群人的存在方式的描述。人们存在于自然中，同时也存在于历史和时代中。时间是一个人或一群人存在于自然中的重要平台。社会、国家和民族（家族）是一个人或一群人存在于历史和时代中的另一个重要平台。文化是指人们在这种存在过程中的言说或表述方式、交往或行为方式、意识或认知方式。文化不仅用于描述一群人的外在行为，还特别包括作为个体的人的自我的心灵意识和感知方式。

（三）文化研究角度

文化不是绝对排他的。对葛兰西来说，文化霸权并不是一种简单的、赤裸裸的压迫和被压迫关系："统治集团的支配权并不是通过操纵群众来取得的……统治阶级必须与对立的社会集团、阶级以及他们的价值观进行谈判，这种谈判的结果是一种真正的调停。这就使得意识形态中任何简单的对立，都被这一过程消解了。"它成为一种从不同阶级锚地取来的不同文化和意识形态的动态的联合。

二、法律文化

概念是认识事物的基础，法律文化的概念是认识法律文化的基础，没有对法律文化概念的正确定义，法律文化的研究就无从谈起。毛泽东曾说："概念这种东西已经不是事物的现象，不是事物的各个片面，不是它们的外部联系，而是抓着了事物的本质、事物的全体、事物的内部联系了。"

概念是事物的本质，是一个事物区别于其他事物的根本标志，如果要研究法律文化的本质内容，必须先从法律文化的概念入手。在使用法律文化这一概念时，中外学者各抒己见，分歧很大，细究原因，并不在于法律文化本身有什么问题，而是由中外学者对文化概念的理解不同所造成的，因而我们要研究法律文化的概念，必须先探讨文化的概念。刘作翔先生曾说，文化概念是法律文化的源头与基础，在某种程度上，我们可以说，法律文化是文化的衍生物。因而，文化概念是我们理解和研究法律文化概念及相关问题的关键。

文化有着极其丰富的内容，因而对文化的解释多种多样。迄今为止，学术界对文化概念的定义还没有达成一致的意见。《说文解字》云："文，错画也，象交文""化，变也"。"文化"一词连用，最早见于西汉："文化内辑，武功外悠。"这里的文化就是文化之本意，即"以文教化"。文化有广义和狭义之分，广义上的文化是指人类在生产过程中所创造的物质财富与精神财富的总和，而狭义的文化主要是指社会意识形态，以及与之相适应的制度和组织机构。

文化概念的多样性，决定着法律文化概念的复杂性，张文显曾就法律与文化的关系做了精彩的论述："法律文化与文化是个别与一般、部分与整体、子系统与系统的关系。"法律文化是文化的一个重要方面，是文化中有关法律方面的文化，每一个从事法学研究工作的人都无法回避法律文化这个概念。但迄今为止，对法律文化概念的定义还没有统一的认识。武树臣曾指出，我们无法估计这一概念和课题在多大程度上受了国外学者的影响。因而，研究外国学者对于法律文化的定义对我们准确把握此概念具有重要意义。美国法学家劳伦斯·弗里德曼认为："法律文化一词泛指一些有关的现象。首先，它是指公众对法律制度的了解、态度和举动模式。人们的感觉和行为是否认为法院是公正的？他们什么时候愿意使用法院？……一种特别重要的集团法律文化是法律专业人员的法律文化，即律师、法官和其他在法律制度的神奇圈子里工作者的价值观念、思想意识和原则。"在这里，弗里德曼把法律文化界定为人们的主观意识范畴和习惯，是人们对法律制度的态度、看法和行为方法，是有关法律现象的观念形态，他主要是从法律意识方面定义法律文化的。弗里德曼是美国最早提出法律文化概念的学者，因而他的法律文化观影响到了美国乃至世界各国。西米特柯认为法律文化具有系统的特征，它包括两个方面的发展水平：一是法律生活的发展水平；二是法律生活准则的发展水平。这些准则是建立在与社会经济、政治结构所要求的条件相对应的法律制度的现存条件基础之上的。西米特柯已不仅仅把法律文化看成一种纯粹的主观思想意识，他还把法律文化视为一个内容复杂的社会现象。法律意识虽然是法律文化的一个重要内容，但却不是它的全部内容，这种观点无疑是法律文化概念认识上的一大飞跃。

由于法律文化概念的不确定性，我国学者对法律文化的界定也呈现出百家争鸣的局面。孙国华认为法律文化属于社会精神文明，它是历史积累起来的有价值的法律思想、经验和有关法的制定、法的适用等的法律技术，是具有实际应用价值的进步内容。

不管是把法律文化看成单一体还是复合体，上述两种观点都把法律文化看成一个有血有肉的"实体"，他们从法律文化所研究的对象和所包含的内容两方面来界定法律文化。与上述两种观点截然不同的是梁治平的"方法论法律文化观"，他不是从法律文化研究对象或研究范围方面来看待法律文化，而是把法律文化"视为一种立场和方法"。

三、中国传统法律文化

传统法律文化是指法律文化在过去的一段时间和范围内所存在的一种法律状态，而中国的传统法律文化则应当是晚清以前的中国法律文化的总和。其包含了法律思想、人民的法律意识，还有法律制度在历代的变化和传承。我国的传统法律文化可以追溯到上古的传说时代，从神话传说和历史典籍中我们可以依稀看到我国在原始社会末期、夏商时期的法律思想和法律实践活动。而真正有文字可考的历史则从西周开始，直到清末，经历了数千年的历史文化积累，我国逐渐形成了有着极强的中华民族特点的法律文化体系，这就是中国传统法律文化。中国传统法律文化不但在我国有着极强的作用和影响，也对我国的周边国家产生了深刻的影响。中国传统法律文化内容庞杂、包罗万象，如章太炎所言的"涵义至广，遽数不能终其物"。哪怕用克罗伯等美国学者收集到的160多种文化定义，也不足以概括其无穷的复杂性。

（一）中国传统法律文化的出现和发展

中国传统法律文化发源于夏商周三代或者更早，而存在于这些时期的法律文化往往并没有相应的文字保留下来，所以我们只能从一些残存下来的古籍和传说中分析我国的传统法律文化是如何形成和发展的。

关于中国古代法律的起源和形成有很多种说法，例如：《管子》中的"故智者假众力以禁强虐"的止斗争说，《商君书》中的"故圣人承之，作为土地、货财、男女之分"的止物资争夺说，《荀子》中的"先王恶其乱也，故制礼义以分之"的世道之说，等等。

这些不同的说法中却有着相同的内容，即圣人为了定分止争，所以制定了法律以约束世人。我们知道，这是我国古代传说中常用的基本故事结构，即出现了大的问题需要解决时，有一个英明神武的圣人出现，帮助大家解决了问题。但是显然法律不会是由一个圣人来制定然后大家就服从的。而实际情况更可能是在大家的日常生活中慢慢形成法律规则，然后由部落首领或者"圣人"将其固定，作为一个稳定而可执行的规则为人们所遵守。

而对于法律的起源还有另一种说法就是张中秋先生认为的最早的法律部族战争，这也是他对"刑起于兵""兵刑合一""兵刑同源"的解释。从前很多法律界的学者多数认为"兵刑合一"是指刑罚或者刑名起源于战争。而张中秋则从另一个角度解释了"兵刑合一"的理论。张中秋从《尚书》的很多章节如《甘誓》《康诰》《酒诰》《多士》《洪范》等中发现有很多军纪、刑罚、兴师问罪等内容，如"五行""五事""八政""五纪"等。从中可以看到古代的"兵刑合一"其实更接近于张中秋所认为的整个原始法律均起源于战争的说法。但是我们也应当看到，这些规定虽然有了些许法律的特征，但并不符合我们普遍接受的法律定义。法律应当是国家制定的有强制执行效力的普遍行为规则，所以，"平民的共同行为准则经部落首领固定而成为最早的法律"的说法由此看来更为合适。

法律的发展进程由于有了文字记述而显得更为人们所熟知。周朝在继承了夏商的"亲亲""尊尊"的基础上发展健全了礼治的法律思想。春秋战国时期，法律渐渐由不成文的秘密法律变为成文的公开法律。汉朝以后，儒家思想开始变成中国此后的主流思想，而法律文化也由春秋战国时期的百家争鸣开始逐渐儒家化。

我国社会其实是"外儒内法"的，所以，我国在汉代时期最终形成了一个以儒家法律思想为主的大一统法律文化体系，而这个体系也就是中国传统法律文化的最终成型，此后的传统法律文化均是在此基础上发展完善的。

（二）法律文化的产生

西周的"礼治"是在夏商的基础上继承发展起来的。西周完全继承了夏商的"亲亲""尊尊"，同时在前朝人的天命观的基础上提出了"德"的思想，国家的更替交接不再是单纯的天的意志，也是人间中统治者"德"行的结果，从而为"礼治"打下了良好的基础。周朝在"德"这个大前提的作用下，健全了以后直至现在也影响很大的宗法制，并结合其他一系列措施，将"礼治"发展成了一个完善而有机的整体。

"礼"这一制度是父系家长制度的产物，其所维护的也是父系体系下的家长、族长的特权和宗法等级。其起源是最早的祭祀祖先的活动，在祭祖时由不同地位的人按"礼"的规定来进行排位，并推而广之，渐渐成为整个社会的行为准则。在夏商时代，"礼"是一种具有神权化色彩的行为准则，并没有真正推广到整个社会的各个阶层为世人广为遵守。而到了西周，通过传说中的"周公制礼"，礼的范围扩大了很多，并延伸到了普通人的生活中。这样，"礼"逐渐摆脱了神权的色彩，而开始系统化、规范化，真正成为社会共同遵守的行为准则。周朝时期的"礼治"的基本精神就是"亲亲""尊尊"。"亲亲"指亲爱自己的亲人，而亲的程度则取决于主体和对象之间的血缘远近，显然根据血缘最亲近的亲属为父母，而父系社会又以父亲作为真正家庭的核心，所以"亲亲父为首"。而"尊尊"则是指尊重地位高的人，其尊重的程度取决于双方社会地位的高低，而社会地位最高的就是一国的国君，所以"尊尊君为首"。作为周礼最重要并且是最基础的原则，"亲亲""尊尊"是由国家强制力保证实施的，这个规则一直被使用到了晚清，而其影响则一直延续至今。"周公制礼"是在宗法血缘的基础上用"礼"这一形式将其确定为整个国家社会都要遵守的宗法等级制度，国家的一切活动、人与人的各种关系行为均被纳入"礼"的轨道，并且动用国家强制力来保证实施。

西周时期人们所建立在宗法等级制度之上的伦理道德对封建社会以至于今天都有着深远的影响。在西周时期，"礼治"主要是以教化与刑罚来推行实施的：通过教化来推行并使人们学习、理解并遵从礼治，通过刑罚来惩罚违反礼治的人，维护礼治的运行。相对于刑罚来说，教化更为主要，其以人伦为重点，教导人与人之间要和谐友爱，以此来营造所需要的一种人人知礼、人人懂礼的和谐氛围。所以，西周时期的"礼治"是以教化为主、刑罚为辅的。

西周时期最为人们所熟知的一条刑罚原则就是"礼不下庶人，刑不上大夫"。"礼不下庶人"并不是指庶人不能学习礼，不遵从礼，而是指平民和奴隶不能享受"礼"所赋予统治阶级的特权。"刑不上大夫"则主要指的是对于处于统治阶层的士大夫及其以上阶级是一般不能使用严苛的刑罚的,刑罚主要针对的是被统治的平民和奴隶。"礼不下庶人,刑不上大夫"的刑罚原则清晰地体现出了西周是建立在宗法等级制度之上的,其"礼治"的基础就是宗法等级制度,目的在于维护统治阶级的特权。但由于统治阶级推行较为温和的"礼治",崇尚德行,所以对于维护社会稳定和统治秩序有着极好的效果。西周时期定下的许多"礼治"的规则在现在仍然对中国人的言行有所影响。

（三）法律文化发展初期的三大主流学派认知

春秋战国时期是我国历史上思想文化空前繁荣的时期,为后世留下了难能可贵的精神财产。虽然说春秋时期"百家争鸣",其实我们主要能接触到的或者说对中国影响最大的还是儒、法、道、墨四家,但是若说到法律思想和法律文化的形成,则以前三家见长。

1. 儒家法律思想

儒家思想主要是对周礼的继承和发展。礼作为我国一直流传下来的社会行为准则,起源早、影响大,体现了整个中华民族的民族性格,所以礼的观念也是我国传统法律文化的核心,由夏商时期具有神权色彩和祭祀活动中的礼到周时期的"周公制礼",终于将礼从一个祭祀活动秩序转变为一个全民所遵从的社会规范。而以孔子为代表的儒家希望在那个礼崩乐坏的时代恢复已经受到严重破坏的周礼,并将其发展壮大。基于此,孔子开创了对中国后世影响最大的儒家学说。

（1）孔子法律思想

作为儒家创始人的孔子,其学说和思想对后世影响极大,相对的,他对于法律的观点和看法也随着其创立的儒家思想一直影响着后世。

民本思想是孔子法律思想中一个很重要的部分,是在"民惟邦本"的思想上发展而来的。随着民本思想的发展,孔子开始怀疑人们所信仰的天命说和鬼神说,当然,这里的怀疑并不是完全否定,而是重人事、轻鬼神。例如,"子不语怪力乱神""未能事人,焉能事鬼",以及"务民之义,敬鬼神而远之,可谓知矣",等等。而在其怀疑鬼神天命的同时,孔子开始发展重视人的思想,在此基础上,孔子建立了"仁"这一思想体系。在孔子看来,"仁"是一种利他的思想,即我们所熟知的"仁者爱人",一个仁者,要同情他人、爱护他人并且帮助他人。孔子在这里的爱是具有广泛意义的,是建立在民本思想上的大爱,不但要爱统治阶级,同时也要爱底层的民众。为了真正实现这种大爱,孔子十分强调人民的重要性，这种人民决定国家兴衰的思想一直为后世的贤君能臣所效仿。同时孔子还重视人，主张爱惜民力，即"节用而爱人，使民以时"；反对用严刑峻法来残害百姓，即"不教而杀，谓之虐"。孔子在爱民的同时也要求统治者要做到"正""宽""惠"。"正"就是"正己"，即要求统治者要首先自己起表率作用。"正己"也是统治者爱人的前提，如在《论语·子路》中孔子就说过"其身正，不令而行；其身不正，虽令不从"。孔子认为"正己"主要指统治者"好礼""好义"，而只有统治者做到"好礼""好义"，那么百姓才能尊敬、服从统治者的统治。"宽"则要求统治者宽以待民，孔子认为只有宽以待民，统治者才能笼络人心，使人民对其信服。"惠"是孔子在民本主义的思想上得出的又一条结论，即只有给民以实惠，让百姓丰衣足食，百姓才能真正"知礼好义"，国家才能安全稳定。只有结合以上观点，孔子的"仁"这一思想才得以建立起来。这种重视人、爱护人、利他人、惠天下人的"仁"的思想为我国传统的法律文化提供了一个坚实而宏大的理论基础。

除了民本思想以外，孔子真正明确提出的法律思想就是后世所归结的"德主刑辅"思想。孔子的"德主刑辅"思想主要有三个方面。

①一是"为政以德"。孔子认为，"道之以政，齐之以刑，民免而无耻；道之以德，齐之以礼，有耻且格"，也就是说，孔子认为用政令和刑罚来规范人，不能从根本上改变人、消除犯罪，而应当用"德"和"礼"来教导民众，这样才能从根本的思想观念上改变民众，使其知耻懂礼，从根本上消除犯罪。从此可以看出孔子认为教人以德、教人以礼才是消除犯罪、治理国家的上策。

②二是施用刑罚。孔子并不是一味地要求德治、礼治，相反，他也认为"君子怀刑"，即要关心法律、制定法律。而这些刑罚的对象则一般是统治阶层里无法用礼加以约束的犯罪和普通百姓的违法犯罪活动。

③三是先教后刑。这指的是虽然有德治，也有刑罚，但是二者的关系应当是教化为先，在无法教化的情况下，再以刑罚惩治。

这种先教后刑的思想也影响了以后几千年的司法实践。孔子在推行以上这些法律思想的同时，也严格地推行周礼中所遗留下来的等级观念，时刻以恢复周礼为目标，以期能实现一个严格遵守"君君、臣臣、父父、子子"的贵贱有别、尊卑有序的等级社会。这也是其相对比较落后的一面。

（2）荀子的法律思想

荀子作为儒家在春秋战国后期的代表人物，将孔子的"礼治"和法家的"法治"这本来相对立的二者结合起来，完成了一个"礼法合一"的理论体系，所以荀子的法律思想是由"礼"和"法"两部分组成的。

荀子对孔子的礼主要进行了两部分的改造。一是反对"世卿世禄""任人唯亲"的贵族体制，主张"唯才是举，尚贤使能"。而这一主张其实与法家所主张建立的封建官僚制度相似，是社会发展到一定程度的必然要求。二是坚持以礼治国。荀子在《荀子·劝学》中说："礼者，法之大分，类之纲纪也。"这也是礼中最重要的一部分，维护由礼所确定的宗法家族制度。经过荀子这一修改，使得礼由原来无所不包的社会行为准则变成了更接近于实际的"法"了。这也正如其在《荀子·大略》中所说的"礼之于正国家也，如权衡之于轻重也，如绳墨之于曲直也，故人无礼不生，事无礼不成，国家无礼不宁"。

荀子很重视"法治"，主张制定并颁布成文法，并主张罪与刑相适应，功与赏相当，并反对以族定罪。这在《荀子·君子》中的表述为"无德不贵，无能不官，无功不赏，无罪不罚"。

虽然荀子是我国著名的"人性恶"的主张者，但是他也注重教化的作用，坚信通过后天的学习可以改变人。所以荀子认为只要教化得当，就能达到"赏不用而民劝，罚不用而民服"，同时他也认为"以德兼人者王，以力兼人者弱"，这种思想与儒家一贯所秉持的思想是相通的，所以这也是荀子为儒家代表人物而非法家代表人物的原因之一。

2. 法家法律思想

对春秋战国时期影响最大的学说在当时来看应该是来自法家。面对这样一个礼崩乐坏的时代，新兴的地主阶级希望能获得更大的政治利益和经济利益，法家在此时提出了一种合适而有效的治国之术。在法家看来，法是一种用来衡量人们行为的普遍有效的准则，要有严苛的刑罚作为其实施和被服从的前提。法家的法律思想归结起来大概有三个方面。

（1）公布成文法

春秋战国时期，公布成文法已经成为法家调整社会关系的一个普遍手段。如著名的韩非子就曾在《韩非子·难三》中主张"法者，编著之图籍，设之于官府，而布之于百姓者也"。法家在要求成文法公布的同时，还提出法律应该明白易懂，以便于百姓知法守法。

（2）事断于法

春秋战国时期礼崩乐坏，为了打破这原有的社会秩序，法家提出了"事断于法"的主张。如商鞅就提出过"缘法而治"和"燔诗书而明法令"的主张。慎到在《慎子·君人》中也提到过"大君任法而弗躬，则事断于法矣"的法律思想。这些思想都将法律提高到一个很重要的位置。同时，法家不仅要求"事断于法"，还提出了"刑无等级"的主张。其主张不论贵族平民，定罪量刑一律平等，反对礼治下的宗法等级制度和贵族特权。商鞅还提出"所谓壹刑者，刑无等级，自卿相、将军以致大夫、庶人，有不从王令、犯国禁、乱上制者，罪死不赦……有善于前，有过于后，不为亏法。忠臣孝子有过，必以其数断"，这种"刑无等级"的主张的提出，不但是历史的一大进步，而且是我国传统法律文化的一大进步，影响了后世的法律原则。当然，这种"刑无等级"的做法也是有局限性的，因为它的出发点在于维护封建君主专制，所以对于最高统治者来说是没有约束力的。但无论怎么说，在春秋战国时期能提出如此主张还是非常可贵的。

（3）重刑轻罪

法家主张"重刑轻罪，以刑去刑"，这也是最为后世所熟知的，并且让人们普遍认为法家多无情刻薄之辈的一条。"重刑轻罪"即对轻罪也要使用重刑来处罚。通过严格惩治犯轻罪的人，起到威慑社会的作用，让大家都遵从法律，使人们觉得既然轻罪都要处以重刑，那么就更没人敢犯重罪，以此来达到"以刑去刑"的目的。但是不得不说，这对于当时确立新兴的地主阶级的统治，并且推广法家思想，使全民服从法律，是很有效果的。

3. 道家法律思想

道家的创始人老子的《道德经》是道家的经典著作，道家崇尚自然，主张以道统法。"道"是道家思想中的最高的范畴，是万物之本，并且无形而缥缈。道家认为，世间万物都由"道"所生，并且跟随着"道"的意志运行。而这种主张在政治法律领域的表现也就是要求统治者无为而治，定制法律、实施刑罚还不如让百姓顺其自然，随着"道"自由生长发展。老子认为只要统治者无为克己，尊重百姓的自主性、尊重社会自身的运行机制，换句话就是尊重"道"，大家都顺其自然地随着"道"来运行，就可以达到最终的理想社会。

关于政治和法律，道家认为刑重则民不畏死，而这些都是动乱的根源，所以法繁、刑重都不但不会使社会安定，反而会适得其反，导致动乱的发生。道家认为高明的统治者应当顺应"道"而无作为，"处无为之事，行不言之教"，只有如此，才能使得社会和谐稳定，从而达到国家的长治久安，君主的统治永久稳固。老子说："我无为而民自化，我好静而民自正，我无事而民自富，我无欲而民自朴。"然而老子又要求对百姓实行愚民政策，消除百姓对物质和精神的追求，只有这样才能将全民的有为转变为道家所推崇的无知无欲的无为境界。其最终目的是要"绝圣弃智""绝仁弃义"和"绝巧弃利"，以此达到"唯道是从"。

　　道家的另一个代表人物就是庄子，其思想来源于老子，但是相对于老子的"无为而治"，庄子更加消极，主张绝对无为。这和老子相对的无为是完全不同的，因为老子是以"无为"为"有为"，无为而无所不为。但是庄子则变成了绝对的无为，主张完全回归自然，其主张是完全的无是非善恶，无道德法律，甚至否定一切人类已建成的物质和精神文明。这是一种虚无主义的观点。

　　在此谈道家的思想，并不是因为道家思想对我国传统法律进步提出了很多建设性意见，而是道家思想里几乎没有什么地方论述到法律。但是之所以在传统法律文化中论述道家思想，是因为笔者认为，道家思想的建立，不论是老子的相对的无为还是庄子的绝对的无为都是一种法律虚无主义的表现，而这种法律虚无主义对后世中国传统法律文化影响很大，所以从一定意义上来说，也应将道家思想视作我国传统法律文化的一部分。

第二节　中国传统法律文化的价值

　　在发展的道路上，传统法律文化中包括许多对现代法治有积极作用、值得我们继承与发扬的因素。中国传统法律文化对认识我国国情、加深法学理论相关研究、发扬我国传统法律文化的优秀成果、推进我国当代法律文化建设具有重要的历史和现实意义。在实现中国法律文化现代化的道路上，我们既要发扬那些传统法律文化中可供传承的部分，也要注意鉴别那些与发展不适应的传统理念和价值观。

一、中国传统法律文化可供传承的价值

（一）承认与追求正义和公平

　　从法理的角度来说，东西方法律文化都承认和追求公平与正义。公平与正义是法律所要追求的目标，而不同的文化对公平和正义的理解却不同，所以在实现公平和正义的道路上也就一定是不同的。我国的传统法律文化强调人们通过自律去实现公平和正义，而西方法律文化强调通过惩罚去实现这个目标。

　　我国的社会主义法治，是指广大人民群众在党的领导下，依照《中华人民共和国宪法》（以下简称《宪法》）和相关法律的规定，通过各种途径和形式管理国家事务，管理经济文化事务，保证国家各项工作都依法进行，逐步实现社会主义民主的制度化、法律化，使这种制度和法律不因领导人的看法和注意力的改变而改变。实现法的公平和正义价值，这已成为法治国家的法律文化发展的最终目标。

最大限度地实现法的正义价值，能够更好地保证公民和法人的合法权益的实现。对此，江泽民在党的十六大报告中指出，社会主义司法制度必须保障社会实现公平和正义，按照公正司法和严格执法的要求，完善司法机构设置、职权划分和管理制度，进一步健全权责明确、相互配合、相互制约、高效运行的司法体制；从制度上保证审判机关和检察机关依法独立公正地行使审判权和检察权；完善诉讼程序，保障公民和法人的合法权益。而保障公民和法人的合法权益，正是我国法律运作的根本目的。所以，我国只有在立法、执法、守法和法律监督等方面最大限度地实现法的正义价值，才能够更好地保障公民和法人的合法权益。

（二）蕴含人文精神

中国文明彰显人性的特征，中国传统法律文化蕴含着人文精神。早在两千多年前，管仲就明确提出"下令如流水之源，令顺民心""俗之所欲，因而予之；俗之所否，因而去之"。包拯也曾说过："民者，国之本也。"这些主张无一例外地体现了立法一定要以民为本的思想。法律既然被开发和利用，就应该充分地保障其实施，这种人文精神也正是法律的客观要求。今天的中国是社会主义的中国，社会主义就要求一定要维护广大人民的根本利益，这一思想也要体现在我国现代的法律文化当中。所以，在我国社会主义的法律实践中，同样需要我们坚持和倡导以人为本的基本价值观念，必须始终注意和尊重人的需要，既不能无视人民的需要，也不能强迫民众接受不利于人民或者他们根本就不需要的东西。

1. 严格控制和减少死刑

中国古代在诉讼程序上建立了一套完备的死刑复核程序。西晋以前，死刑的决定权除二千石的高官外，一般由郡守决定。死刑覆奏之制，始创于后魏，确立于隋代，完善于唐代。唐代规定："凡决大辟罪，在京者，行决之司五覆奏；在外者，刑部三覆奏。"按唐制，凡处决死囚，皆须再三覆奏，必须取得皇帝的最终核准；核准后仍需停满三日，以等待可能之改判。其目的应该是慎重地执行死刑，防止草菅人命。唐代还创设加役流，以取代部分死刑。从中国古代对死刑的严格控制及减少死刑的做法中，可见中国古代对于死刑的重视，也是对尊重生命的人文主义价值取向的肯定。

2. 制定相对合理的狱政管理制度

中国古代建立了一套相对合理的狱政管理制度。例如，为保证狱囚最基本

14

的生存需要，汉宣帝曾专门下诏："其令郡国岁上系囚以掠笞若瘐死者，所坐县、名、爵、里，丞相、御史课殿最以闻。"晋《狱官令》规定："狱屋皆当完固，厚其草蓐。家人饷馈，狱卒为温暖传致。去家远无饷馈者，悉给廪，狱卒作食。寒者与衣，疾者给医药。"唐代狱囚的衣食一般由狱囚家属自理，但对于"囚去家悬远绝饷者，官给衣粮，家人至日，依数征纳"。对于病囚，"囚有疾病，主司陈牒，请给医药救疗"。为了避免狱卒凌辱、虐待囚犯，克扣囚衣、囚粮的现象发生，历代统治者都对违反狱制的行为予以严惩。

宋代重视狱事，宋太祖时曾专门下诏对罪犯的基本生活条件做出明确的规定："两京诸州，令长吏督狱掾，五日一检视，洒扫狱户，洗涤枷械。贫不能自存者给饮食，病者给医药。轻系即时决遣，毋淹滞。"绍圣四年规定："诸狱皆置气楼、凉窗，设浆饮，荐席，罪人以时沐浴，食物常令温暖。遇寒量支柴炭，贫者假以衣物。其枷杻，暑月五日一濯。"宋代监狱还有十日一点囚，查看囚犯健康状况并打扫牢房的规定。

《大明律》设定"凌虐罪囚""狱囚衣粮"等条，规定不照衣粮、医药等制度办事的"司狱官、典狱卒笞五十"，致囚死亡的，根据该囚所犯的罪行折为杖刑、徒刑。

3.限制刑讯

在中国古代，刑讯早已制度化、合法化。虽然由于重视口供的原因，非法刑讯的问题一直比较严重，但不可否认的是，从刑讯制度的设计来看，其初衷还是比较好的。历代王朝为避免滥用刑讯，都采取了一定的限制刑讯的制度与措施。

《唐律疏议》中规定："诸应讯囚者，必先以情，审察辞理，反复参验，犹未能决，事须讯问者，立案同判，然后考讯。违者，杖六十。"禁止官员擅自拷掠，并对刑讯的工具、讯囚的次数做了明确规定："系囚之具，有枷、杻、钳、锁，皆有长短广狭之制，量罪轻重，节级用之。其杖皆削去节目，长三尺五寸。讯囚杖，大头径三分二厘，小头二分二厘。常行杖，大头二分七厘，小头一分七厘，笞杖，大头二分，小头一分半。其决笞者，腿分受，决杖者，背、腿、臀分受。及须数等拷讯者，亦同。其拷囚不过三度，总数不得过二百。杖罪已下，不得过所犯之数。"

宋律对刑讯有了进一步的限制，如果没有确实证据证明犯罪嫌疑人有罪，就要设法另外取证，而不能进行刑讯；只有罪状明白充分、犯罪嫌疑人拒不认罪的情况下，才能进行刑讯。

4.对弱势群体的矜恤

中国古代的统治者为了体现"仁政""德政",一般对老、幼、弱、笃疾、废疾者和妇女都采取减免刑罚的措施,体现了对弱势群体的关怀,是人文精神对中国传统法律的又一重要影响。

《唐律疏议·名例律》规定:"诸年七十以上,十五以下,及废疾,犯流罪以下,收赎。八十以上,十岁以下,及笃疾,犯反、逆、杀人应死者,上请;盗及伤人者,亦收赎。余皆勿论。九十以上,七岁以下,虽有死罪,不加刑。"其对老幼疾废实行减免刑罚的原则,年龄在七十岁以上十五岁以下及废疾者犯了处以流刑以下的罪时收赎,而不再施以原来的刑罚。上述主体犯罪,原则上都可以免刑。在审判实践中确认犯罪人年龄时,规定也较宽松,即:犯罪时未老、疾,而事发时已属老、疾的也依老、疾论;犯罪时幼小,案发之时已长大,也依幼小论。另外,罪犯在徒刑执行期内老、疾,也依老、疾论。

在中国传统法律文化中,慎重刑狱,矜老恤幼,是贯穿于中国古代的一项重要的司法原则,一直被历代统治者所重视。中国古代法律对老、幼、残疾、妇女等弱势群体,实行减免刑罚的原则,体现了法律保护弱势群体的精神,是中华法系人文精神的又一体现,充满了浓厚的人文关怀与人道主义的精神。封建的矜恤原则不是一个普遍适用的原则,而是一个针对特殊群体的原则,这些人不是年老、年幼,就是身体有残疾,或者是没有任何政治权利的妇女。因此,这些人即使犯罪,对封建国家的危害也只限定在一定范围之内。更何况,历代王朝在矜恤的同时,早已将一些重大的犯罪,如"十恶"等排除在外,保障了封建国家不会因矜恤制度的存在而危害其封建统治。与此同时,封建国家通过矜恤老幼,不仅为自己博得了仁德、宽厚的美名,而且在一定程度上缓和了阶级矛盾,取得了良好的社会效果。

(三)礼与法相互渗透与结合

在中国传统法律文化中,法的价值亦可被称为礼,中国古代法律所追求的目标就是礼。中国古代的管理模式是礼与法的有机结合,并以礼为主。在中国早期的社会发展实践过程中,中国古代的管理者认识到礼治有着一定的局限性,并不能完美地为社会服务,因此,他们把礼治和法治这两种重要的武器相结合。虽然他们把这两种武器在社会中结合起来,但是在当时的社会中还是更强调礼治的作用,礼治是处于主导地位的,而法治则只是一种补充,处在从属地位,这也就揭露了中国传统法律文化当中的一些弊端。社会安定、政局稳定,就以礼治为主;社会动乱,政局动荡,则要以法治为主。礼治是法治的基础,同时又必须有法治来对其进行补充。礼治所蕴含的天人合一、和谐的思想，对我们进行社会主义法律文化建设和构建社会主义和谐社会具有深远的影响和深刻的意义。而只有将礼治和法治完美地结合起来，才能调动起社会当中的一切积极因素，促进社会发展。

1. 礼的内涵及实质

在古代，礼是一个含义广泛、内容复杂、包容量极大的概念，也是最容易与道德相混淆、与法律相对立的概念。礼起源于氏族社会，是先民祭祀祈福的仪式和宗教的仪节。其演进到阶级社会之后，礼成为人们的行为规范和道德准则。广义的礼，是指一个时代的典章制度，如周礼就是当时除刑之外的各种行为规范的总称，是西周时期国家基本制度和治国的基本原则。狭义的礼，则专指人们的行为规范、规矩、礼仪、节操。《周礼》《仪礼》《礼记》总称"三礼"，是关于各种礼制的百科全书。其所涉及的各种礼制的总和，也就是礼的全部内涵。

从理论上讲，礼起源于人类为调整主、客观矛盾，寻求自身欲望与自然条件之间的动态平衡的要求。儒家一般都重视礼，荀子则特别强调礼。讲到礼的起源，《荀子·礼论》写道："礼起于何也？曰：人生而有欲，欲而不得，则不能无求。求而无度量分界，则不能不争。争则乱，乱则穷。先王恶其乱也，故制礼义以分之，以养人之欲，给人之求。使欲必不穷乎物，物必不屈于欲，两者相持而长，是礼之所起也。"在儒家学说中，礼是一个内涵丰富的综合概念。它既指礼节、礼仪，又指社会行为准则，还具有调节功能，即人要满足欲望，需要礼予以调节。因此，礼在人们生活中具有维系社会秩序和道德人心的功能。

《礼记·为政》中记载孔子说："殷因于夏礼，所损益可知也；周因于殷礼，所损益可知也。其或继周者，虽百世，可知也。"这句话的意思是说，夏商西周的制度是互相沿袭和继承的，但是有所"损益"，即在内容上是有所增减的。礼发展到西周时期，已然成为一种完备的典章制度与礼仪规范。

礼在西周可谓包括所有的政治、社会、经济、宗教与个人在各方面的行为的制度与方式。关于礼的地位，《礼记·曲礼》中有这样的概述："道德仁义，非礼不成；教训正俗，非礼不备；分争辨讼，非礼不决；君臣上下，父子兄弟，非礼不定；宦学事师，非礼不亲；班朝治军，莅官行法，非礼威严不行；祷祠祭祀，供给鬼神，非礼不诚不庄。"关于礼的内容程序，《礼记·昏义》中又说："夫礼始于冠，本于昏，重于丧祭，尊于朝聘，和于乡射，此礼之大体也。"关于礼的作用和意义，《左传·隐公十一年》写道："礼，经国家，定社稷，序民人，利后嗣。"这些制度与方式，看上去似乎是条条列举，使人步步都在限制之中，其实，它也是国家制度有效运行和人们生活和谐有序的根本保障。礼将既有的生活状况稍予整顿改良，形成固定而规律化的生活方式，家族观念与伦理思想根深蒂固。

2. 礼对传统社会的规范作用与影响

可以说，礼是宗法制度在意识形态中的反映。礼是普遍适用的行为规范。宗法制的确立，要求各个等级有各个等级的礼，庶人也毫不例外。"礼不下庶人，刑不上大夫"是中国古代社会中长期存在的一项法律原则，各朝统治者经常以这项原则作为为贵族、官僚提供法律特权的根据。作为一项法律原则，其重心在于强调平民百姓与官僚贵族之间的不平等，强调对官僚贵族等统治阶层社会特权的维护。"礼不下庶人"是指朝聘、会盟等贵族所行之礼，庶人因不符合条件，故无资格参与，其他如冠礼、丧礼、祭礼等，庶人须遵守，庶人违反礼的规定也将会受到刑罚制裁。《荀子·国富》中说："礼者，贵贱有等，长幼有差，贫富轻重皆有称者矣……由士以上则必以礼乐节之，众庶百姓则必以法数制之。"

礼既符合道德规范的结构，又符合法律规范的结构。虽然礼正面规范了人们的行为模式，但是在具体的礼的规范中没有明确规定违反礼要给予何种制裁，而礼治的要求则是统治者根据他们对违礼行为的性质及其危害的认识，临时对其加以概括，列出罪状，而后说明执行何种刑罚，即《左传·昭公六年》上所说的"昔先王议事以制，不为刑辟"。可以说，这也是中国早期法制秘密性根源之所在。

礼治使中国的传统法律体系更加注重教化的作用。"周公制礼"之时，认为刑罚是一把双刃剑，刑罚的滥用很大程度上加速了夏商的灭亡。西周以后，在"明德慎罚"的总要求下，"德""刑"关系在先秦儒家学说中有了较明确的阐述。孔子说："道之以政，齐之以刑，民免而无耻；道之以德，齐之以礼，有耻且格。"孟子也强调教化的极端重要性，主张对民众进行"五伦"教化。《孟子·尽心上》写道："善政，民畏之；善教，民爱之。善政得民财，善教得民心。"作为儒法合流、礼法统一先驱的荀子，主张"隆礼重法"，一方面反对"不教而诛"，另一方面也反对"教而不诛"。西汉中期以后，随着封建正统法律思想的确立，礼的内容不断法律化，《唐律疏议》的一个突出特点就被后世概括为"一准乎礼"。

3. 礼法合治的法律思想

儒家的法律思想体现出鲜明的重德传统，"德主刑辅"作为其法律思想的核心，始终被历代封建统治者继承和沿用。礼治使中国传统法在内容上走上了与伦理道德不可分割的道路。封建法律伦理化的实现是通过礼法结合的过程最终完成的，即经历了从"礼法并用"到"引礼入律"，再到"礼法合流"这一过程，"一准乎礼"被视为《唐律疏议》的一个突出特点。

儒家讲道德，法家讲法律；儒家讲德治，法家讲法治。那么，二者的对立何在呢？

王伯琦说："吾国文籍上的所谓法，在清末以前，大多仅指刑事法而言。这是纯粹的技术法，根本不是我们的行为规范。除此而外，吾国数千年来所以维持社会秩序，成为一般人确信为不可不遵守之规范者，唯礼。"又说："我们过去的所谓法，包括二种：一是刑法，一是德法，亦称为礼度。"二者在本质上无异，只是所辖范围不同。道德是一个宽泛的社会规范，法的规范仅是社会大众意识上认为必须遵守的最低限度的道德规范；法具有普遍性、确定性和一致性，法律所规定的是道德规范中必须使之实现的一部分。王伯琦认为，所谓法者，可说是特定社会在特定时间，一般人众心所同认为必须遵守的一部分道德规范。

儒家的礼是一种习惯法，"儒家将习惯（礼）看成是社会秩序的源泉"，"法家则把目光投向了成文法"。儒家认为，一个政府的治国之方首先体现在德礼教化上，法只起辅助作用，法的任务只是支撑礼教。所以孔子说："道之以政，齐之以刑，民免而无耻；道之以德，齐之以礼，有耻且格。"孟子的观点却很中庸，《孟子·离娄上》说："徒善不足以为政，徒法不足以自行。"孟子还曾说过："善政，民畏之；善教，民爱之。善政得民财，善教得民心。"《唐律疏议》说得更清楚："德礼为政教之本，刑罚为政教之用。"儒家把法律看作仁善及道德规范的辅助工具。《大戴礼记》中记载了这样一段话："礼者禁于将然之前，而法者禁于已然之后。"这段话在汉朝就成了："礼之所去，刑之所取，出礼则入刑。"而宋朝有这样一句话："刑为礼之表。"

（四）尊老恤弱

中国传统法律文化中包含一些代表先进文化发展方向、符合人类社会发展要求、适应现代法治原则的内容和思想。例如，尊老爱幼是被我们所熟知的中华民族的传统美德，在传统法律文化中也恰当地体现出了这种美德，在如今法律文化现代化的道路上，我们应该继续发扬这种美德。西周时期的《吕刑》有这样的规定，在竞争中压迫欺负弱者、以众暴寡罪大恶极，法律一定要严惩，这就充分地体现出了尊老恤弱的精神。

早在周朝法制中即已有尊老恤弱的思想，《周礼》规定有"三赦"："一赦曰幼弱，二赦曰老耄，三赦曰蠢愚。"对老人、小孩、残疾人犯罪不施加刑罚，是西周明德慎罚法制指导思想的体现。先秦儒家继承了周初统治者的思想，主张适用刑罚时要尊老恤弱，以体现仁恕之道。汉律同样贯彻了这一原则，据《汉书》记载，汉惠帝曾诏曰："民年七十以上若不满十岁，有罪当刑者，皆完之。""完之"，一说为保持身体发肤完整，不施加肉刑。这是汉初尊老恤弱思想和与民休养政策的体现。此后汉宣帝又下诏规定，年满八十的老人的处刑范围限定在诬告、杀人、伤人三种罪行，除此之外的其他罪行一律免予处罚。此后的汉代皇帝基本上都对老人除杀人外的罪行皆免予处罚，并逐渐定型化。

经过魏晋南北朝时期的发展，至唐时尊老恤弱原则已趋于完备。唐律对老年人犯罪进一步进行了细分。凡七十岁以上者，只要没犯死罪都可以用钱来赎罪；八十岁以上犯死罪者，则由司法官确定依律是应斩或应绞，奏明皇帝听候发落；九十岁以上的人即使犯死罪，也不得处以刑罚。唐律以七十、八十、九十岁为限，采取了不同的减免处罚措施，标志着我国古代尊老制度趋于成熟与完善。此后，尊老恤弱原则基本为各朝所延续。

我国古代法律为什么会规定尊老恤弱原则？原因是多方面的。最直接的原因是老人与幼童的社会危害性实际已相对较小，如汉宣帝所言："夫耆老之人，发齿堕落，血气即衰，亦无暴逆之心。"如果对老人、幼童和其他人同等用刑，固然可显得法律严格，但对实现刑法功能并无多大助益。刑法有特殊预防功能，即通过处罚防止犯罪人再行犯罪，而对"发齿堕落，血气即衰"的老人或幼儿而言，这种特殊预防似已无必要；刑法还有一般预防功能，即通过处罚犯罪者以威慑其他人不敢再违法，但如果对本已年老体衰的老人或幼儿施加严酷刑罚，有失人道，反而容易激起人们对法律的反感。相形之下，尊老恤弱既可博仁政之名，实际上又不会危害统治，对统治者而言显然是更为可取的做法。

从更深层次看，尊老恤弱原则是法律儒家化发展的结果。我国古代法律深受儒家思想影响。孔子说："宽以济猛，猛以济宽，政是以和。"这种宽猛相济的执政思想多为封建统治者所推崇。对老人等社会弱势群体予以"恤刑"，正是"宽"的表现，体现了法律的人道主义色彩，并与我国"尊老""崇老""恤弱"的社会传统相一致。而无论刑法如何严酷，总要有足以标榜"仁政"的措施，这也是有深刻的政治考虑的。宣扬"仁政"，可以笼络人心，并可以教化风俗，显然对维护封建统治有利。

客观而言，尊老恤弱原则对我国古代精神文明和法律文化的发展还是起到了一定推动作用的，它有利于减少滥杀，培养尊老、怜弱的社会风气，是值得肯定的。

（五）敬畏并尊重自然规律

中国传统法律文化中包含限制对环境开发利用的思想，这些思想在当前中国生态文明建设中值得我们传承。《礼记》中阐述了限制对环境开发利用的思想，如人们应当顺应季节的变化而从事工作和劳动，不能违背自然规律。春天不能上山狩猎、不能下湖捕捞、不能乱砍滥伐，以免毁坏山林环境、影响动植物生长。在"秦简"以及其他王朝的法律中也体现出了人们限制对环境开发利用的思想。这种思想是与当今的科学发展观相符合的，科学发展观就是把这种思想进一步具体化、完善化。这些在中国传统法律文化中所反映的理念与当前我国社会发展中加强环境保护、实现可持续发展、加强生态文明建设的目标是一致的。

1. "天人合一"思想关于人与自然关系的基本认识

"天人合一"思想有着丰富的内涵。首先，它是中国历史上占主导地位的伦理思想，在人与自然关系方面表现为传统的生态伦理观。先民基于原始的生产方式产生了直观、朴素的敬畏自然、尊崇自然的观念。这种朴素的自然观经先秦思想家的系统论证，成为完整的人与自然关系的思想体系。夏商统治者以天命神权观念控制人们的行为，"殷人尊神，率民以事神，先鬼而后礼"。

在西周时期，人们认为天命不但是变化的，而且其变化在于人类行为的善恶，其归属也受人的行为性质的影响，并赋予了天命以伦理特性。周武王时期，便有了天命和民意相统一的认识："民之所欲，天必从之""天视自我民视，天听自我民听"。尽管这种"天民合一"论还不能说就是人与自然的"合一"，但它成为后来儒家"天人合一"思想的直接历史渊源。儒家代表人物孟子在天人关系上的最大贡献在于他首先将人道与天道统一了起来。《中庸》中的"赞天地之化育""与天地参"，进一步说明自然与人既是统一的，又是有区别的，人能够协助天地化育万物，并且应该做到"致中和"，从而使"天地位焉，万物育焉"。《易传》将天、地、人并列为"三才"，在肯定人的价值的同时，认为"大人"应该"与天地合其德，与日月合其明，与四时合其序"，才能达到天人和谐。荀子则认为天人分相，应该充分发挥人的主观能动性，以"制天命而用之"。道家的生态思想基础源于老子对"道"的阐释："道生一，一生二，二生三，三生万物。"庄子进一步阐释"道"的本论思想，认为天地万物出于道，自然界有其不以人的意志为转移的客观规律，人要顺应自然规律的变化，要自适其适，无为不为，要"不以心捐道，不以人助天"。《吕氏春秋》在总结先秦各家观点的基础上，在天人关系上提出"法天地"和"因性任物"的主张。如果说在其他方面诸子百家的观点可能不同，但在人与天的关系方面则大同小异，他们所追求的共同目标都是天人之间的一种协调、和谐，其中心内容是追求"天人和谐"的理想状态。

这是我国古代思想家在探索人与自然关系中极具代表性的一种思考，以现代环境保护的观点来看，这种思考对于正确处理人与自然的关系，对于人类选择一种合适的发展模式是重要的理论武器和思想源泉。其中，儒家的天人关系思想体系，经过西汉董仲舒的"天人感应"论、唐代刘禹锡的"天人交相胜"、北宋张载的"民胞物与"命题、程朱理学的"理"本论思想的深化，发展为完善的"天人合一"论，成为符合统治阶级伦理要求的主流思想。

2. 中国传统生态法律的理论基础：天人合一的"时禁"思想

由于中国传统礼法关系的特殊性，"天人合一"思想作为人与自然关系之生态伦理观，也是历代生态保护法律思想和实践的基础。其中，由"天人合一"衍生发展出来的反映人与自然和谐相处不违时禁的"月令""时令"思想和措施，作为古代人们在长期的农耕生产生活实践中逐步形成的经验总结，一直是传统社会政治管理、日常生产生活的基础。"月令""时令"的核心是顺天时而动，尊重自然规律，追求"无变天之道，无绝地之理，无乱人之纪"的天地人相统一的社会理想，其鲜明具体的"时禁"内容，体现了朴素的生态保护和资源持续利用思想。它们不仅成为传统社会生态保护的基本原则，而且还以不同形式贯穿在国家立法、皇帝诏令和众多的民间法之中，进而构成中国传统环境法律的主脉。例如，睡虎地秦简《秦律·田律》规定了春天保护动植物的"时禁"内容：春天二月，不准到山林中砍伐木材，不准堵塞水道，不到夏季不准烧草作为肥料，不准采刚发芽的植物或提取幼兽、卵，不准毒杀鱼鳖，不准设置捕捉鸟兽的陷阱和纲罟，到七月才解除禁令。

唐宋时期，许多与生态资源保护相关的法令出自"月令"内容，各代帝王均将"月令"作为重要政令，以诏令的形式贯彻"月令"的"时禁"思想。例如，《唐律疏议》对于失火及非时烧田野罪的规定为"诸失火及非时烧田野者，笞五十"，《大唐六典》中关于水资源的"时禁"规定为"……隧仲春乃命通沟渎，立堤防，孟冬而毕。若秋夏霖潦泛溢冲坏者，则不待时而修葺，凡用水自下始"，要求仲春、孟冬时节对水资源要实施通衢、修堤防等措施。

封建社会后期，因人口增长、战争、自然灾害等原因，生态环境日益恶化。明清政府虽迫于人口压力，多次推行"弛禁"政策，但在风调雨顺年间，也都不忘规定应按照月令"时禁""不违农时",保护动植物生长,维护生活环境,维持生态平衡。例如,《大清律例》载:"凡不修河防,及修而失时者,提调官吏各笞五十……若不修圩岸,及修而失时者,笞三十。"雍正二年,清世宗下令"仍严禁非时之斧斤",即严禁在树木生长期砍伐之。总之,作为人与自然关系的主流思想,"天人合一"的内涵在历史演变中虽然经历了不断论证和丰富的过程,但其主脉与中心未变。它超越了人与自然二元对立的思维方式,既尊重人的利益、人的价值,发挥人的主观能动性,又强调自然的利益和价值,尊重自然规律,追求人与自然共生与和谐发展。尤其是其"时禁"内容所包含的生态保护和资源持续利用的朴素思想,至今看来仍具有积极意义。

二、中国传统法律文化的消极因素

中国传统法律文化毕竟是封建经济和宗法制度条件下的产物,它对于中国法律文化现代化建设有着不可避免的消极作用,我们要毫不犹豫地将消极因素剔除,不能使其成为法律文化现代化建设的阻碍。

(一)轻法治、重人治

中国古代社会最为主要的一个特征就是人治,儒生对贤人政治十分推崇,提出了"有治人,无治法""为政在人"的主张。在他们的心目中,法虽然也是治国的一个重要工具,但是相对于人的作用来说,法是应当处于从属地位的,并没有最高的权威性。只有皇帝的权力才是具有最高的权威性的。所以说,皇权是大于法律的。皇帝口含天宪,一言立法,一言废法。法律的存废解释,全在皇帝的一念之间。儒家还认为,德和礼是治国的根本,而法是德和礼的补充。在我国的传统文化中,一直贯穿着一个法律传统,那就是礼主刑辅,明刑弼教。通过将礼和德的内容写入法律条文,将法律条文用经义进行解释,及"引经决狱"等途径,礼和德成了调节社会关系的准则,而且是最高准则。而此时法只能是礼的补充,当礼实在无法让人自觉地遵守封建制度,无法防止犯罪发生时,"严刑峻法"的功能方才发挥出来。王亚南先生指出:"在中国,一般的社会秩序不靠法律来维持,而靠宗法、靠纲常,靠下层对上层的绝对服从来维持。"人治主义思想是中国封建社会的正统思想,力主"治人"高于"治法",其核心思想是反对确立法律的最高权威,它确信只有让国家的治理者,尤其是最高统治者握有不受或不完全受法律限制的权力,才能建立起合理的社会秩序。人治主义主张由道德高尚的睿智之人来治理国家,充分发挥人的主观能动性。然而,一旦允许出现可以不受法律限制的权力,就没有办法保证权力的运用是公正合理的,无法避免权力高于法律,从而导致法律失范、腐败滋生。

（二）宗法统治，皇权至上

在我国古代社会中，最基本的构成单位不是个人，而是家庭，一个个进行小农业生产的家庭就构成了社会最基本的细胞。而若干有着血缘或者亲缘关系的家庭则构成了家族、宗族。这些家族和宗族则成为国家政权的基础。在家族和宗族中，一切成员都受制于族长。将这个逻辑推广开来，古代社会中各级政府官员就是一个地方的"父母官"，而皇帝则是全天下的家长。这样，全国范围的统治网络已经形成。自中国进入阶级社会时起，便形成了以王为核心的专制政体，这种传统最早可以追溯到夏朝。夏商周三代的立法、司法活动，都是以国王为中心进行的。王权大于法律，法律由王制定。秦统一六国后，嬴政自称"始皇帝"，建立皇帝制度，使皇权专制逐步制度化、法律化。古代中国的皇帝拥有最高的权力，包括最高的立法权、司法权、行政权等。由于皇帝处在绝对权威的地位，使得国家的秩序、发展都取决于皇帝的个人品行和才干。皇权凌驾于一切法律之上，支配着法律，不受法律的限制。不受节制的君主权力，往往因为个人的好恶而使国家震荡。随着君主专制程度的强化，"皇权至上"成了禁锢人们思想的锁链、镇压人们反抗的利器。在封建社会，皇权神圣不可侵犯，人民动辄被以藐视君主、侵犯皇帝威仪为名杀戮；人民的财产动辄被以"普天之下，莫非王土，率土之滨，莫非王臣"为由无理剥夺。在这种社会里，"法自君出"当然被视为天经地义。中国的封建制度早在百年前的辛亥革命中灰飞烟灭，但是滋生于皇权思想基础上的家长制传统却成了中国人思想中根深蒂固的东西。这对我们法律文化现代化的发展有消极的影响。

（三）法律观念淡薄

在法治社会，法律是指导人们在交往中如何获得自由、如何实现自身的价值、维护自身的权利的工具，而在中国古代，民众一般把自己置于被法律统治的对象的地位。人们脑子里被灌输的全是"重义轻利"的思想，只有"轻利"，才是"重义"，似乎只有小人才处处主张自己的权利。所以，人们对法律的关心是如何不去触犯它，而不是如何运用它。

法律的基础和灵魂是平等，但在中国传统文化中却根本不存在平等的观念，有的只是等级和特权。在国家政府中，皇帝与大臣之间、上级官员和下级官员之间有着严密的等级；在社会中，有着农民、工商者、读书人之分；在家庭中，长幼尊卑有别，父亲与儿子有别，丈夫与妻子有别。当官的与普通百姓的权利差别十分巨大，可以说是天壤之别。一方面，这种等级观念制约着法律对社会关系的等级性规定；另一方面，法律又为这种不平等观念提供了支持。另外，自我的主体地位本为法律之基础，但在中国传统法律文化中，根本找不到与此相应的概念。拥有坚实的经济基础和生存环境的是国家本位主义，群体的观念占有很重要的地位，自我只是一个义务的载体，它只负有对群体的义务，而几乎不存在个人利益的问题。在这种环境中，自我主体的命运只有被群体的概念所淹没。

在我国的传统中，个人利益服从国家利益、服从集体利益是天经地义的。在中国老百姓的观念中，为国家、为集体、为家族的利益牺牲个人的利益是一种荣耀，是受到万世景仰的；而那种强调自己、看重自己本身的利益的行为则是被人所不齿的，是小人行为。当然，个人利益服从集体利益、注重团结，确实是中华民族的美德。但个体利益和群体利益的妥协，如果超过了一定的限度，就否定了人作为社会主体的价值。这与现代法治以人为本，追求个体权利、自由的目标恰好背道而驰。一切背离平等、主张等级与特权的观念都与法律的精神水火不容。而"引礼入法"却将本与法律格格不入的等级与特权观念融入法律中，并且一直影响着中国漫长的封建社会，致使中国古代法律始终因人适法。这是中国法律文化的实质所在，也是中国法律文化的糟粕。这种观念既与现代法律意识相违背，也扭曲着人们的法律观念，制约着公民的法律意识的提高，从而阻碍了法律文化现代化的发展进程。

面对传统法律文化，我们一定要保持清醒的头脑。众所周知，中国的传统文化内容非常丰富，其中既有积极的因素，也有消极的因素，我们一定要仔细地分析和辨别，对中国传统法律文化秉持一种既批判又继承的观点，我们一定要改进那些中国传统法律文化中与现代法治不相符的因素。这并不代表认知和剖析传统法律文化是浪费时间的，在发展的道路上，我们在实现现代化过程中，注意研究和摒弃那些不符合现代法律文化的消极因素有着非常重要的意义，可以为中国现代法律文化的构建奠定基础。

第三节　中国传统法律文化的特征

传统法律文化的概念是相对于法律文化概念而形成的，本节所讲的中国传统法律文化主要是指鸦片战争以前即近代以前的中国法律文化。与法律文化相对应，中国传统法律文化应是中国历史上形成的、具有一脉相承的法律意识、法律制度及与法律活动有关的行为方式的总和，它主要有法律意识及法律上层建筑两个方面。与西方国家相比，延绵数千年的中国传统法律文化自成一家、独树一帜，中华法系是世界上重要的法系之一。那么这样一个内容丰富又自成一体的中国传统法律文化有什么自己独到的特色？其具体表现在以下几个方面。

一、德主刑辅，重义轻利

在中国封建社会，人们视家族为社会的基础，而轻视个人在社会中的地位。这个特点表现在法律上就是重视维护大的社会秩序而轻视甚至无视个人的权利。封建社会法律的基本精神就是维护封建集权制度和宗法家族制度。维护家族和维护封建王权在内核上是一致的，所以这种家国不分、法律宗法化、宗法法律化所造成的结果就是法律轻视个人的地位和权利，个人只是法律义务的载体，而没有应有的自由与权利。因此，我国古代的法律是以刑法为主、其他法律为辅、诸法合体的形式。刑法是所有法律的核心，无论历代的法典如何变化，重刑主义却是永远都不会改变的。我国的刑法在封建制度和自然经济下已经发展得无比完备，而相对应的民法却发展得极不完善。这也许和我国古代极其发达的调解制度有关，因为相对不是很违反社会基本规则的民事问题，一般只需要由有地位的人做居中调解，就可以达到双方满意的结果，不需要由法律来做出具体的规定。而调解制度和"无讼"的法律文化又都导致了我国诉讼法并不是很完善。我国诉讼法的生存环境本来就不是很好，再加上灵活的调解制度和礼治的干扰，使得诉讼法在很多情况下只规定那些不得不规定的条款，剩下的都交由个人来判断，这也造成了诉讼法的进一步不完善。

另一个导致我国重刑轻民的传统法律文化形成的原因就是儒家主张重义轻利，凡事不愿意谈及利益。孔子认为"君子喻于义，小人喻于利"。儒家的这种重利轻义的观念也在日常生活中影响着人们对民事关系的看法，认为谈及个人利益是可耻的，所以人们也就更不愿意为这些涉及个人利益的民事冲突来打官司。这种重义轻利的观点在由自然经济占主导地位的封建社会并没有什么坏处，反而对调整民事关系起到了一定的积极作用，但其导致的结果就是我国古代民事法律体系薄弱，而人们对民事法律很不重视。

自西周以来，统治者一直主张"为政以德""以德服人"，反对"以力服人"；提倡教化，注重道德的感化作用，轻视法律及其强制作用，反对"不教而诛"。但统治者并不否认刑罚的作用，认为"化之弗变，导之弗从""于是乎用刑矣"。一般来说，统治者大都认为刑罚是道德教化的辅助手段，后人把它总结为"德主刑辅"。

二、封闭保守，坚守本性

中国地处东亚大陆，中华民族起源于黄河流域，北部是浩瀚的戈壁和干旱的草原，东部是一望无际的大海，西部是号称世界屋脊的连绵大山。这种与外界相对隔绝、封闭的地理环境容易造成与海洋民族和山地民族不同的大陆民族特有的心理和观念。如"溥天之下莫非王土，率土之滨莫非王臣"的天下一统观念，"天圆地方""华夏中心"的优越感，使中国传统法律文化异于其他法律文化，其形态具有一元和内向的特征，有较大的包容和同化功能。加上中国法律思想和制度深扎于封建专制和自然经济的土壤，天然具有卫道者的保守性质；同时又囿于封闭式的地理环境，几乎与世隔绝，很容易保持自身独立性，产生排外性倾向，具有明显的闭关保守性。

自《唐律疏议》到"清律"关于"化外人"犯罪的规定，也体现了封闭性的政治法律文化。"化外人"的概念本身体现了"王化"区域及文化的排他性或蔑视异己的属性，体现了对异域文化及人民的不尊重。到"清律"则规定为"凡化外（来降）人犯罪者，并依律拟断"，把"化外人"限制为"来降"人，不再考虑其他进入"王化"地域的外族人的情形，或是对他们视而不见，且不再允许"依本俗法"处理来中国的"化外"同族人之间的伤害、盗窃、损害赔偿等案件，一切均依"清律"处理。几千年来，由于社会进化和外来文化的冲击，中国法律制度在枝节、局部、外围领域必然要发生一些变化，但就其主体而言，从未有过根本的触动。

三、礼法结合，相互渗透

礼与法渗透、国法与家法合流是中国传统法律文化的一大特色。早在中国奴隶制时代，奴隶主便有意识地把王权与族权统一起来，利用氏族的宗法血缘关系将亲与贵、家与国联系起来，同时确认君王和家长的至高无上的权力，即所谓"天无二日，国无二君，家无二尊"。奴隶制法明显具有国法与宗法的两重性。到了封建社会，汉儒通过说经解律，在封建法律的建构上系统地引入儒家思想，使封建法典儒家化。封建法律以"三纲五常"为指导思想和基本内容，确认神权、君权、族权、夫权的神圣不可侵犯性，鼓吹事君与事父统一，"君子之事亲孝，故忠可移于君""故以孝事君则忠"。凡违背封建伦常和礼仪的，统统要受到法律严惩。儒家经典常常成为审判的直接依据，"引经断狱"之风在中国长达700余年。礼入法中，成为封建法律的重要内容。中国儒家的礼治思想，自西汉中期以后，一直是封建的正统思想，对封建的法律思想和封建法

27

制都起着指导作用。由于"出乎礼则入乎刑",礼所包括的封建伦理道德教条,既是一般的道德规范,也是渗透到立法和司法活动中的法律规范。

四、义务本位,重本抑末

就传统法律文化来说,具有悠久历史的中国法律文化经历了漫长的发展阶段,义务本位属于其精髓。这种法律观产生于中国"重本抑末"、贬损商品经济的传统。它将授权性规范和义务性规范统统划归伦理范畴,偏狭、直观地把禁止性规范与法律规范等同划一。这样,就必然把丰富复杂的法律关系浓缩为个人对国家的义务关系,而将个人与个人之间的平权关系归属为道德修养,一切冲突和纷争都力求通过法外的纲常礼教去解决,使整个社会的法律调节系统只剩下了刑事镇压的功能。义务本位的基础来源于家族本位,古代社会这种单向的集体本位精神十分浓厚,而且愈演愈烈,其显著特点就是身份的尊卑情况决定了不平等的权利与义务关系。儒家的伦理法治为义务本位又提供了理论依据,专制主义的政治制度对义务本位提出了法定的要求,全国相通的以丧服制为表现形式的义务关系,都十分明确地表明了或者说决定了中国古代法律是以义务本位为特征的身份法律体系。

五、以人为本,道德教化

儒家的人本主义在经过儒家历代大儒的发展和宣传之后,终于在整个社会中形成了具有中国特色的人本主义。儒家重视人的尊严和价值,并创立了"仁"这一理论体系来宣传以人为本的价值观念。儒家的人本主义倡导人们立足于现世,积极"入世",以务实的态度来面对人生,反对盲目信仰鬼神;同时要求人们注重个人的道德修养和品性的提高,推己及人,以达到"天下归仁"的理想境界。而我国自古就坚持的德主刑辅的法律模式,就是儒家人本主义中重视人伦、崇尚德行的思想在法律文化中的体现。在我国古代,法律评价是以道德评价为基础的,道德评价占据着主导地位,道德要求的即法律所认可的,触犯法律的行为一定是违背道德的行为,而违背道德的行为也一定是非法的行为,道德与法律在一定程度上是一致的。而如前文所述,从德刑关系上来说,道德教化的地位明显要高于刑罚,而道德教化在我国古代法律文化中的影响不断加深的体现就是德主刑辅的确立。道德教化在当时是法律的一个主要功能,也是调整社会关系的主要手段,法律仅仅是在道德教化无用或者无法使用时才得以实施的,法律处于从属地位。刑罚的实施必须以道德教化为基础,刑罚只是道德教化的工具而已。而这种以道德为基础的法律必然没有法律所应当具有的特性，使得法律变得不确定，受主观因素影响太大。如公丕祥所言，这些问题必然导致人们对法律的不信任，影响法律的权威和机制的建构，继而动摇法律在国家治理中的重要地位，不可避免地为人治主义奠定了基础。

六、皇权至上，等级森严

在封建时代，我国基本的政治形态是君主专制制度，皇帝有着至高无上的权力。所以无论怎么强调法律的重要性、制度的重要性，仍然脱离不了"皇帝是绝对权威的"这个大前提，其实即使在百家争鸣时期，各家的学说也都是将希望寄托于君主，没有一家提出以法律或者其他制度制约君主，所以在"独尊儒术"后，更是以维护皇权为主。而维护皇权中很重要的一条就是要权力大于法律，法律以权力为基础，受权力支配，仅仅是为了实现和保证统治的工具。皇帝处于整个金字塔体系的最高点，而法律也就成为维护皇帝权力、确保皇帝绝对权力的工具。只有皇帝才有绝对的权力来支配法律，其他人并不能使用手中的权力来完全地支配法律。在法律与皇权之间，法律完全是实现皇权的工具，绝对的皇权和相对的法制的实施还需要一套合适的组织机构来保证，因此形成了一个完整的官僚体系和等级体系。而拥有最高权力的皇帝和拥有相对权力的官吏使得法律在封建等级社会中得以运行和发展。中国传统的法律就是在人治社会和等级制度下逐渐发展变化并成为适合这种体制的工具的。

第三章 中国传统法律文化的历史发展脉络

　　法律文化是指一个民族或国家在长期的共同生活过程中所认同的、相对稳定的、与法和法律现象有关的制度、意识和传统学说的总体。它包括法律意识、法律制度、法律实践，是从法的制度、法的实施、法律教育和法学研究中所积累起来的经验、智慧和知识，是人们从事各种法律活动的行为模式、传统、习惯。中华民族作为四大古文明之一的所有者和继承者，自然在历史进程中形成了一套丰富的法律文化体系。我们可以从中国传统法律文化中了解法律的发展特点，从而扬长避短，更好地为当代法律建设提供经验。

第一节 西周法律文化之宗法制

　　周公克商进入中原之后，发现商拥有广阔的疆土和众多民众，想要短时间内成为商的主人并非易事。因此周武王在获得商大量珍宝之后，决定派两个弟弟帮助纣王的儿子管理朝政，成为"三监"，对商原有人民进行监视。可以看出武王克商之后，并未形成新的政治制度，实际上周和商仍是独立的国家。武王去世，周公继承政权平定了商王叛乱，被称为第二次克商。这次克商范围较大，涉及商的诸多附属小国，周的势力逐渐向东方发展。周公打算深远，将西周的族人分封到新征服的地方，即便在商王管辖的范围之内也分封给周王朝的重要人物，在这个过程中，周王朝利用血缘关系逐渐完成了权力的部署，形成了以家族血缘为基础的关系纽带。表面看来，这些事件是周公偶然的反映，但是却完成了伟大的制度设计，这种设计对周朝法律文化的形成具有深远影响。

　　法律文化从西周时期回溯的原因主要有两方面：一方面，夏商时期流传下来的文献资料有限；另一方面，较为完善的法律制度和典章文物确实是在西周时期形成的。总之，西周上承殷商礼乐文化，下开礼乐综合之先河，对法律文化形成的研究具有很强的现实价值。

一、西周封建宗法制度概述

成康之治时，西周国家发展得已基本稳定，国家建制主要表现为两个方面：一方面是宗法制，即"亲亲""尊尊"，嫡长继承；另一方面是分封诸侯的封建制。《周礼》中对不同职位和官职做了详细的描述，这些描述涵盖了国家治理和政治生活模式，因此将其称为是古代封建国家的"宪法"并不夸张。在周的影响下，原有部落重新裂割，形成了分封的局面。这种局面涉及土地、人民的分配问题，从中可以看出从天子到士均是奴役百姓的贵族特权阶级。另外，为了维护所封土地的完整性，宗族一系相传，从血缘关系引发为政治上的封建关系，构成了我国封建社会的政治结构，影响深远。

二、宗法封建制度的文化意义

从封建主义的形成来看，可以推测封建统治者拥有强大的宗教基础，这里所说的宗教基础与祖先崇拜有着密切的联系，这也是统治者只在其亲属中分配统治权的重要原因。就封建的权力来看，周王的权力最大，由他对天下进行分封，但是谁赋予他分封天下的权力呢？追问下去无非是上天的旨意，不过单纯谈论上天太过于缥缈，只有通过现实的现象才能让人民信服。例如，商朝主要靠巫婆神谶，其主要作用是与上天沟通，传达上天的旨意。

众所周知，中国古代的宗法制度来源于原始社会后期以血缘为纽带的父系家长制。但需明确，若没有其他必要的条件，单纯的父系家长制并不会自发形成宗法制度，否则就无从解释曾经普遍存在于多个民族的父系家长制何以只在个别国家演进为宗法制。在探究中国古代宗法制的形成原因时，还应看到两个十分重要的因素。其一是土地所有制的形态。在中国奴隶制时代，作为最基本的生产资料的土地是实行"王有制"的，即所谓"普天之下，莫非王土"。皇帝以最高统治者的身份拥有全部土地的所有权，并通过分封赋予大小宗族以占有、使用土地的权利，构成了最初的宗法制度最主要的经济方面的基础。其二是奴隶制存在的形式。在中国奴隶制社会，奴隶多数是在战争中俘获的"异族"成员，其与"百姓"相对立，处于被统治地位的"黎民"据说就是原来被炎黄族俘获的九黎族的后裔。这种建立在战胜部族对战败部族进行奴役基础上的"宗族奴隶制"，既是促成原生的宗法制的重要动因，又极大地加固了统治阶层的宗族血缘纽带。从上述两点也可看出，中国古代的宗法制度在产生之初是以相当规模的宗族组织为本位的。为了突出这一特色并与其后期形态相区别，我们可将它称为"宗族制度"。

早期宗法制度即宗族制度伴随着中国国家的产生而萌芽，适应着奴隶制社会发展的需要而强化。夏启攻有扈氏，战于甘之野，作《甘誓》："用命赏于祖，弗用命戮于社。"其"祖"与"社"就是宗族的象征。按《史记》所言，自夏始，王位的继承就有"兄终弟及"和"父死子继"两种办法。殷商袭之，并曾发生过"废嫡而更立诸弟子，弟子或争相代立"的混乱局面。《殷本纪》追溯商族发达史，有"契为子姓，其后分封，以国为姓"等记述。据《左传》所载："昔武王克商，光有天下，其兄弟之国者十有五人，姬姓之国者四十人，皆举亲也。"此外，其还分封若干异姓诸侯，并在"同姓不婚"的原则下将异姓宗族用"姻亲"关系加以联结，形成了有主有次、错综复杂的宗族组织体系。最后，再经过一系列措施，终使宗族制度更加完善。

堪称典型的西周宗族制度，具有如下主要特征。其一，在严格的父系本位基础上，一个大的宗族衍生出若干较小的宗族，最后分化成诸多"枝叶"，共同的祖先、宗庙和特定的祭祀将族人牢固地组合在一起，即所谓"神不歆非类，民不祀非族"，构成规模庞大但层次分明、秩序井然的亲属网络，确立起"大宗率小宗，小宗率群弟"的统属与拱卫关系。其二，在土地王有制下，通过"受民受疆土"的层层分封，"天子建国，诸侯立家，卿置侧室，大夫有贰宗，士有隶子弟"，使宗族系统兼具政治系统的功能。"周天子"既是同姓宗族的最高领袖，又是"天下共主"；诸侯和卿大夫也是一身二任，既为宗子，又是行政长官。如此由上而下地形成了"王臣公，公臣大夫，大夫臣士"的统治模式。其三，出于稳定局势的需要，摒弃了"兄终弟及"的继统法，确立了"立嫡以长不以贤，立子以贵不以长"的"嫡长子继承"原则，实行"世卿世禄"制度，在不同规模和级别的宗族组织中，家长权、主祭权、行政权均集于一人之身。其四，以特定的宗族为单位，驱使奴隶从事"十千维耦""千耦其耘"式的大规模集团性农业耕作；族人"异居而同财，有馀则归之宗，不足则资之宗"，实行原则上的普通财产宗族所有制。其五，分封制与等级制相为表里，上下贵贱，尊卑长幼，人各有序，等级森严，即所谓"君子小人，物有服章，贵有常尊，贱有等威"，任何逾越和"犯上"皆属非法。如果将上述各点加以概括，可以说，作为中国奴隶制社会奴隶主阶级专政基石的宗族制度，是以父系血缘集团为基础，通过分封确立等级秩序，实行贵族世袭统治，宗族组织、经济组织与政权组织合一的制度。

与奴隶制宗族制度相适应的法律文化，自应称为"宗族主义法律文化"。作为一种文化形态，它的内容相当丰富，但基本上的要点不外乎以下三点。

其一，以"致敬鬼神"为理论基础和统治依据。在宗族制度之下，"尊神""尚鬼"就是"尊祖""敬宗"。应该指出，宗族制度并不能摆脱迷信，但也不会产生凌驾于整个世俗社会之上的宗教。对宗族血亲集团来说，一方面，至高无上、最富威慑力的并非其他，而是祖先的意志、祖先的在天之灵；另一方面，共同的祖先具有极大的凝聚力，唯有"尊祖"才可能"敬宗"。三代皆重祭祀，奉之为家国第一要务。西周还形成了严格的庙祭制度，一则表现为对祖先的崇拜，二则借以排列等级，加固权力。这不得不说是中国古代宗族主义法律文化的一大特色。

其二，以"礼治"为"安上治民"的基本手段。原始的礼，旨在"事神以致福"，是指祭祀的礼仪。奴隶社会的礼，已经演进为具有法律性质的行为规范。"殷因于夏礼，所损益可知也；周因于殷礼，所损益可知也"，可见礼在夏、商、西周是一以贯之的，只不过西周"监于二代，郁郁乎文哉"，更加完备而已。所谓"道德仁义，非礼不成；教训正俗，非礼不备；分争辩讼，非礼不决；君臣上下，父子兄弟，非礼不定；宦学事师，非礼不亲；班朝治军，莅官行法，非礼威严不行"，说明了礼的范围之广泛，效用之巨大。其时虽也主张"惟敬五刑，以成三德"，对重大犯罪"刑兹无赦"，但相较之下，"经国家，定社稷"，主要依靠的还是"礼治"。

其三，以"亲亲""尊尊"为行为准绳和伦理信条。"亲亲"要求"父慈子孝，兄良弟悌。夫义妇听，长惠幼顺"；"尊尊"要求各安名位，恭谨事上，忠于君王。其实，在宗族制度之下，"亲亲""尊尊"本是一体，做到了"亲亲"，自然也就做到了"尊尊"。

到春秋时期，王室衰微，"天下大乱"，随着经济的发展和社会的变革，"家国一体"的格局遭到破坏，世袭制逐步让位于官僚制。奴隶制宗族制度土崩瓦解，宗族主义法律文化也受到极其猛烈的冲击。正值"禄之去公室五世矣，政逮于大夫四世矣"之时，中国的儒学于孔子手上发其端。

身为儒家鼻祖的孔子，对宗族主义法律文化既有大量的继承，又有长足的发展。崇尚礼而倡导仁，是孔子思想的基调，因袭礼而阐发仁，是孔子学说的特征。他的以仁为核心的法律观，主要有三方面内容。一曰"克己复礼为仁"。面对"礼坏乐崩"的局面，孔子力主"为国以礼"，以恢复"礼治"，维护"贵贱不衍"之"度"，重建"君君、臣臣、父父、子子"的秩序，为"仁"的至高境界；以"非礼勿视，非礼勿听，非礼勿言，非礼勿动"，为"仁"的实践准则。二曰"为政以德""胜残去杀"。他赞赏西周的"明德"，并将之提升到"仁"的高度，认为"道之以政，齐之以刑，民免而无耻；道之以德，齐之以礼，有耻且格"，提出了重礼轻刑、重德抑刑、以德去刑的法制原则。三曰"为政在仁"，贤者治人。他强调政之举息在乎执政之人，故一则需要"尚贤"，而所谓"贤"就是有"爱人"之仁的"君子"；二则需要"正身"，只要"其身正"，就会"不令而行"，法律强制是消极而无足轻重的。总之，既"从周"，又不拘泥于周，反映了孔子的基本立场和时势的需求。应指出，身处"乱世"，孔子"不道无益之语""不语怪力乱神"，并以"未知生，焉知死""未能事人，焉能事鬼"教诲门徒，说明儒学在其诞生之初不入玄虚，是重于务实的"经世之学"。孔子之后，"儒分为八"，派别纷呈，皆因不合时宜而无法与盛极一时、代表新兴地主阶级的法家势力相抗衡。但不妨说，以孔子学说为代表的早期儒学法律观，建立在宗族主义法律文化的基础之上，以恢复宗族等级制度为己任，是西周宗族主义法律文化的延伸。同时，它又发生于新旧交替之际，不能不对宗族主义法律文化做若干必要的改造。这正是在以后的封建宗族制度下，其备受推崇，并在经过不断的调整、演进之后主导了家族主义法律文化的原因。

三、西周法律文化人本主义特点

（一）民心和理性的彰显

中国古代法律文化的哲学基础是人本主义，该传统形成于西周时期。殷商时期"殷人尊神，率民以事鬼，先鬼而后礼"，不过鬼神并没有保护商朝的统治，其最终因压榨百姓，奢侈无度，走向了灭亡。商朝灭亡的事实让西周统治者的认识发生了重大改变，他们发现民众在维护政权统治上发挥着重要作用，所以提出"敬天保民"，将民心和天意联系起来，宣传"天视自我民视，天听自我民听"的思想，将殷商对鬼神的崇拜转变到重视民心上来，进一步提高了人的地位，同时又没有对神的地位带来影响，从中表现出西周统治者理性的一面。

（二）刑罚中体现的人本主义

人本主义在西周刑罚中多有体现，《尚书·康诰》中记载"克明德慎罚""重视人命"，而且人们常用"人命关天"形容事情的重要性，这些表现出西周刑罚对人的重视。在此之前对人的处罚有"天罚"，还包括将人投入水中任其沉浮、漂流的惩罚方式，其中商纣的炮烙之刑较为残酷。甚至周朝之前帝王发布处罚命令时，还要表现出恶狠狠的情绪，这一点从《尚书》记载夏王说的"弗用命，戮于社，予则孥戮汝"能够看出来。不过在西周时期惩罚相对较轻，一般不会轻易处死,《尚书·康诰》中周公反复叮嘱官僚"若保赤子,惟民其康乂……非汝封又曰劓刵人,无或劓刵人"。而且再三强调"要囚,服念五六日,至于旬时,丕蔽要囚"。从中可看出周代对刑罚的使用较为慎重,其背后正是人本主义的体现和对生命的敬畏。

(三)由神判到理性审判

资料显示,殷商时期占卜盛行,很多事情需要通过神来决定。从众多的史料中看出,殷商时期的司法均需要神的支持。不过到了西周经过长期的实践发现,根据实际情况进行理性的惩罚更为合理,因此逐步摆脱了神的束缚。这是人类思想的重大进步,说明人的判断和思想不再依赖神的力量。而且周人发明了"三赦""三刺""三宥",说明周人审判时理性发挥的作用越来越大。民事诉讼中的理性主要体现在重视证据上,"凡民讼,以地比正之;地讼,以图正之",这些规定体现了人们思想的成熟和对理性的重视。

(四)祭祀更彰显人性

殷商后期祭祀主要分为新旧两派,新派仅仅将先王当作祭祀的对象,而旧派祭祀对象包含的内容众多。新派占优势时期,问卜的问题大部分是例行公事,占卜之事减少说明神鬼的影响力逐渐被淡化,人事则更加受到人们的重视。对人事的重视取代了对鬼神的崇拜,表现了新派祭祀体现出更多的人道精神。后来新旧两派经过不断的斗争发现人实在有限,而且将祖先神化无法避免,于是对神的崇拜有所收敛。新旧两派的合流开启了神道设教的新局面,不但安定了人心,而且为后世儒家政治法律哲学奠定了基础。

第二节　士与先秦法律文化

先秦时期的法律文化对中国传统法律文化的形成和发展产生了关键的影响,这一时期的诸家法律思想和治国主张影响了后世历代统治者和政治家、思想家的治国理念、法律思想及法律制度的形成和发展。而这些与作为知识分子原型的士阶层是紧密联系的,是孔子、墨子、老子、商鞅、韩非子等诸子学派的士们直接创造了辉煌的先秦法律文化。这一时期士阶层的代表人物无不以振兴强国为己任,向芸芸众生和各国君主宣扬、游说自己的政治法律思想,培育出了一代又一代门人弟子。本节基于法律文化的视角揭示士阶层对先秦法律文化的形成、实践与发展以及后续时代中国传统法律文化发展的影响。

一、士与先秦法律文化的生成

（一）士阶层的流变

马克斯·韦伯曾提出：法律的发展不仅受经济条件及权力结构的影响，而且还有一个不可忽视的因素是，在世界上各个法系传统形成的历史进程中，"法律名流"作为该传统中法律文化的维系者，其活动及有意识的创造将直接导致不同类型的法律传统模式的出现。这一观点可以使我们联想到中国先秦时期法律思想的演变，在这个过程中，我们不能忽视的一个问题（也是被法学界广为忽视的一个问题）就是，对中国传统法律文化的形成和传承曾经产生关键作用的"法律名流"（也就是余英时先生所说的士）的作用。士阶层不仅创造了辉煌的先秦法律文化，而且也直接导致这种文化传统在后世得到了很好的继承和发展。正如有学者所描述的那样，为士者"兼文章、经术、吏事于一身，融行政、司法、教化于一炉。他们在文化上摄儒释道之精华。出入佛老，援佛入儒，以'民胞物与'的普世精神，言必中当世之过，行必有补于世，尊奉着'此天下，虽一人，吾往也'的精神信念，乐以天下，忧以天下，营造着中华文明的真精神"。春秋战国时期是中国历史上的一个大变革时期，是奴隶制向封建制转变的时期，随着封建经济的产生和发展，新兴地主阶级逐渐走上政治舞台，并相继掌控了所在国的政权。在社会局势的大动荡中，作为当时社会一个特殊阶层的士阶层的身份也经历了由贵族到平民的演变。士在春秋早期为低级贵族，但是到了战国乱世之际就演变成为四民之首了。

士在春秋初始为低级之贵族，孟子曰："君一位、卿一位、大夫一位、上士一位、中士一位、下士一位，凡六等。"《礼记·王制》曰："诸侯之上大夫卿、下大夫、上士、中士、下士，凡五等。"不管是六等还是五等，都可说明士是贵族之一。士在春秋战国之间即处在贵族与庶人之间的地位，《国语·晋语四》载："公食贡，大夫食邑，士食田，庶人食力，工商食官，皂隶食职，官宰食加，政平民阜，财用不匮。"这从经济上说明了士介于大夫与庶人之间。战国时期，西周衰微，井田制瓦解，群雄争霸，社会正处在奴隶制向封建制转变的时期，奴隶主贵族地位不断下降，而庶人地位上升，由于士阶层处于贵族与庶人之间，是上下流动的汇合之所，士的人数遂不免随之大增。到了战国时代，士终于成为四民之首。《春秋·穀梁传》有"上古者有四民：有士民、有商民、有农民、有工民"的说法。

贵族地位下降，而庶民地位上升，以至于士的流品复杂，所谓鸡鸣狗盗、引车卖浆者流，都可以成为士。士在春秋初期大都是由各诸侯的公室所养，但是到了春秋末叶，私门和公室争夺权力和资源，私门也大量养士。据《史记》记载，战国时期，齐之孟尝君、赵之平原君、楚之春申君、魏之信陵君，各养士数千人。私门养士规模如此之大，与当时的社会发展变化有关，当时士已成为四民之首，他们的知识层次已不仅限于传统的礼乐。由于士的流品复杂，原先庶民的文化就和传统贵族的王官之学渐渐融合。这时的士就成为一种谋生的职业，他们尽其所能效力于各自的君主，为他们成就霸业献计献策，同时也逐步形成了自己的思想主张，为维护和巩固统治打下合理、合法的思想基础。

成为四民之首的诸士中没有得到统治集团赏识的人渐渐丧失了社会地位和生活依靠，许多人流落民间谋生，成为所谓的"游士"。有的创办民间教育，如孔子办私学以教做官之道和传播旧礼。由于士成为一种职业，而且大家认为此为"终南捷径"，所以到了春秋末叶，读书求学做士之人很多。这些人我们都可以称作"文士"，还有所谓"隐士"，如道家的老子等人，他们产生在春秋末叶，有的是庶人上升，有的是落魄的贵族，基本上有着小的官职和产业，而且知识丰富，了解老百姓的真实生活，在社会激烈动荡之际，过着脱离现实的生活。

士阶层在先秦时期是礼法文化的维系者，他们是国家政策与行政管理的制定者与实践者，是维系中国传统思想文化的载体。在中国历史早期贵族体制的历史舞台上，"士"集族、事、学于一身。士阶层对于先秦法律文化的产生、发展与实践发挥着重要的作用。

（二）士阶层的法律观

儒家是春秋战国时期以孔子为创始人的一个学派，在人类社会进步的历史过程中具有顽强的生命力。儒家学说对中国传统法律文化的形成和发展产生了重要的影响，中国传统法律文化的核心是儒家法律思想。孔子生活在"周礼尽在鲁矣"的鲁国，面对当时礼崩乐坏的现实，孔子极力维护"礼"，并且通过对"礼"的重新界定，来缓和时局的矛盾。他将"仁"纳入"礼"，提倡"为政以德"的"德治"，第一个提出了"德主刑辅"的思想。"德主刑辅"是中国传统法律文化中的一个最悠久的"传统"，最迟在西周已经牢固地确立起了"明德慎法"的原则。"德主刑辅"的原则是中国历史上统治阶级统治经验中最大、最重要的一个方面，它成了中国奴隶主及封建地主阶级在统治方法上实行自我更新的一个表现。这个原则最直接的结果是在一定程度上缓和了社会的矛盾，中国封建社会能延续那么长时间不能说与这一点毫无关系。

孟子继承和发展了孔子以"仁"为核心的思想，使之成为较系统的"仁政"学说，并提出了作为这一学说理论基础的"性善论"。为推行他的思想，孟子到各国进行游说，但终不得君主的礼遇。司马迁说过："当是之时，秦用商君，富国强兵；楚、魏用吴起，战胜弱敌；齐威王、宣王用孙子、田忌之徒，而诸侯东面朝齐。天下方务于合纵连横，以攻伐为贤，而孟轲乃述唐虞三代之德，是以所如者不合，退而与万章之徒序诗、书，述仲尼之意，作孟子七篇。"战国末期，荀子受到诸子百家特别是法家思想的影响最大，提出了不同于孔孟的"隆礼重法"的思想，从而完成了对儒家思想的早期改造。

墨家是战国初期以墨子为创始人的一个学派。据传墨子早年"学儒者之业，受孔子之术，以为其礼烦扰而不说，厚葬靡财而贫民，（久）服伤生而害事，故背周道而用夏政"，所以墨家是最早反对儒家的一个学派。他们非儒，不仅反对"厚葬""久服"，而且反对儒家提倡的宗法等级制度及世袭贵族制度，他们认为，正是这种制度，使得各级贵族得以欺压老百姓，过着腐败的生活。他们提出了"兼相爱，交相利"等法律主张，代表了中下层人民的心声。

道家大多数是隐士，一方面，他们愤世嫉俗，普遍认为传统的"礼"没有能继续维护他们的地位，所以就十分痛恨儒家所提倡的"礼"；另一方面，他们又不甘心自己社会地位的没落，总想寻求自身没落的原因，图谋补救。他们在政治上主张"无为"，在法律思想上崇尚"道法自然"的自然法，反对一切人定法。道家思想由于具有强烈的超验性，相对缺乏客观基础和社会认同，所以不能像儒墨那样在春秋、战国之交成为一种思想主流。它的兴盛是在齐国的威王、宣王时代，新兴地主阶级已获得初步的政治上的稳定，在一种相对发展的文化政策保护之下才被培育起来。当时的稷下先生"不治而议论"的风气很浓，而这些稷下先生里面，有一大半是道家。

法家是战国时期代表新兴地主阶级利益、主张"以法治国"的一个学派，其代表人物有商鞅、李斯、韩非、吴起、孙膑等。他们不仅进行理论的建构，而且重实践，主张颁布成文法，并且纷纷在各国进行变法改革。法家提倡法治，反对礼治，重视人定法，强调君王集权的思想，为谋求霸业的各国君主所青睐。商鞅携《法经》入秦，辅佐秦穆公进行社会变革，通过两次变法运动促进秦国完成了社会变革。李斯和韩非同是荀子的学生，他的重法思想和制度实践为秦统治者所用，为秦灭诸侯、统一中国起到了决定性的作用。

二、士与先秦法律文化的实践和发展

（一）先秦法律文化的实践性

先秦诸家法律思想中实践性最强的当属法家思想。中国传统法律文化中，不但包含了儒法两家学说的争论与填补，而且也包含了法哲学上两种对立的方法论的斗争，其中最突出的是破"道不变，法亦不变"的思想观念之后，确立起了法律制度随世情的变化而变化的思想。中国传统法律文化中的这一光辉思想，指导了中国历史上许多有重大意义的被称为'变法'的法制改革运动。春秋战国时期，如果从法律思想上来说是由"礼治"到"法治"的转变，那么从法律制度上来讲则是从"礼制"到"法制"的变革。

随着封建地主经济陆续在各诸侯国占据统治地位，新兴地主阶级的力量也日益扩大，这些非贵族出身的新兴地主阶级极力反对贵族的世袭特权，反对宗法等级制和分封制。他们主张通过兼并战争实现国家统一，以发展他们的政治经济势力和巩固与加强他们对老百姓的统治，他们需要一种思想来证明地主阶级统治的合理性和合法性。经过长期的实践检验，法家以外的诸子法律思想在社会变革实践中行不通，因而注重实践的法家诸士就成为这些新兴地主阶级的代言人。他们不仅进行理论上的建构，倡"法治"，反对"礼治"，而且十分注重实践，主张制定成文法予以颁布，并且纷纷主张变法。战国时代成文立法浪潮汹涌澎湃，使新兴的封建性质的经济关系和政治关系得到了法律上的反映，且法律的名称由"刑"改为"法"，如李悝编撰之《法经》。从商鞅在秦"改法为律"，法律的名称开始叫作"律"。"当时有魏国的李悝变法、楚国的吴起变法、秦国的商鞅变法等。商鞅的改革奠定了秦国后来统一六国的政治经济基础，是中国封建社会最有影响的一次改革。后来韩非也提出了'圣人不期修古，不法常可，论世之事，因为之备'的论断，去推动秦朝的进一步改革。法家诸士的功绩我们可以在战国末期李斯的《李斯谏逐客疏》中略见一斑："昔缪公求士，西取由余于戎，东得百里奚于宛，迎蹇叔于宋，来丕豹、公孙支于晋。此五子者，不产于秦，而缪公用之，并国二十，遂霸西戎。孝公用商鞅之法……至今治强。惠王用张仪之计……功施到今。昭王得范雎……使秦成帝业。此四君者，皆以客之功。"由此可见法家诸子的士的身份及他们的贡献。

（二）士与先秦法律文化的发展

以先秦法律文化的实践来看，笔者认为，法家诸士的变法主张即适应时世的结果。中国传统法律思想中关于法必随时而变的思想，是在各历史阶段改革与反改革的激烈斗争中形成的。管仲"修旧法"的主张是在同奴隶主旧势力的斗争中提出的。商鞅的变法论是在批驳甘龙、杜挚等"圣人不易民而教，智者不变法而治""法古无过，循礼无邪"的观点的过程中确立的。法家诸士的变法主张一旦形成又对统治者的统治起到了推动作用。中国古代这些关于变法改革的积极思想，在中国的传统法律思想中，绝非处于无足轻重的地位，而是一股源远流长的强大的思潮。历史在不断地前进，各个国家在每个时代都会碰到如何对待自己的"圣人之治"及"祖宗之法"的问题。中国传统法律文化中关于变法改革的思想理论，反映了法律制度发展变化规律的要求，这是法律思想上最一般的正确理论，也是人类共同优秀法律文化遗产的一部分。

中国先秦法律文化可谓礼与法不断发展、演变、传承的法文化，统治阶级利用礼与法来统治社会，构建社会秩序的和谐。礼是一种差别性的规则体系，法是同一性的规则体系，二者分别是儒家和法家的治世之具。礼法关系之争从春秋战国一直延续到近代，但从礼法之争到礼法结合，其实质在于为统治者寻求最佳的统治方法。先秦由礼治到法治的思想发展演变的过程是与士阶层对前人的礼乐传统的继承与突破密不可分的。余英时先生认为，"突破"是指某一民族在文化发展到一定阶段时对自身在宇宙中的位置与历史上的处境发生了一种系统性、超越性和批评性的反省；通过反省，思想的形态确立了，旧传统也改变了，整个文化终于进入了一个崭新的、更高的境地。而这个突破又与当时"礼崩乐坏"这样一个文化格局存在着关联。余英时先生指出，古代中国的"崩坏"含有两个方面，一是社会秩序方面的，即"封建"制度的解体；二是文化秩序方面的，即所谓的"礼崩乐坏"。从思想史的角度说，古代中国的"哲学的突破"或"超越的突破"则是起于文化秩序的"崩坏"。先秦时期的礼乐传统经过时世变迁和社会关系的变化已被诸子百家所突破，到了战国末期经法家诸士的改造已形成了"重法"的思想。

综上所述，可以认为中国的士阶层在我国法律文化的传承和发展中起到了不可忽视的作用。先秦的士阶层在我国法律史的长河中无不闪烁着光辉亮点。作为知识分子原型的诸士，在先秦时就有"志于道"的传统。源于孔子的"志于道"的"道"是一个价值系统，而这个价值系统必须通过社会实践来实现，唯有如此，"天下无道"才能变为"天下有道"。先秦时期的士在春秋战国时期变化巨大，不但建构其自成一家的法律思想体系，而且不沉迷于自身理论的逻辑自洽。他们的思想主张无不渗透出志道、救世的一面，他们是有着"治天下"的要求的。司马谈说过："夫阴阳、儒、墨、名、法、道德，此务为治者也。"先秦的诸士"以道自任"，而他们之所以受到当时的君主的重视，也在于他们各自所代表的"道"，由于"道"有强调人间秩序安排的特点，所以受到各国君主的礼遇。统治者需要他们的理论作为政治统治的合法基础，建构其"天下有道"的社会。

先秦以后，士的参政传统得以延续。汉武帝接受董仲舒、公孙弘等人"独尊儒术"的主张，使经过整合和完善的儒家思想成为正统法律思想。董仲舒更以《春秋》决狱，是将儒家经义用于司法实践的第一人，这是对儒家传统思想的一个实质性发展。他以儒为体，以法为用，真正结合德治、法治，使儒法两家思想互为表里，表面上为"明刑弼教"，骨子里则为"以礼入法"。这样，儒家思想在法律上一跃而为最高原则，与法理无异。董仲舒首开引经决狱，为汉以后中国法典的儒家化打下了基础，为儒家思想成为后世封建王朝之文化正统做了很好的铺垫。

先秦时期稷下先生的"不治而议论"的传统也为后人所继承。秦朝所设的博士，其职掌是"通古今，承问对"，与"不治而议论"大体相同，可见博士制度是从稷下先生演变过来的，所以汉代仍称博士是"稷下生"。只不过这时的士是吏，稷下先生是先秦时期君主的"师"或"友"。士成为中国古代政治、经济、文化的中心力量，他们对中国传统法律文化的传承有着深远的影响。

第三节 魏晋南北朝的法律文化流变

一、魏晋之际的经学与律学

自魏晋始，学术局面有了很大改观，各方面学术逐渐摆脱了经学束缚而获得独立。如魏晋文学之变革、书法绘画艺术之创新，为文化通识，相关学界不乏著述，此不赘论。魏晋间史学，从当时编撰而今仍然存在的史学著作，以及这个时期出现的各种不同种类的新史学著作中进行观察，可以发现这个时代的史学，已突破两汉经学的框限，于本质和形式方面都有显著差异。此外，曹魏时期人物品谈之风，亦对当时用人制度、九品中正制度的产生有一定的影响。学术分野带动了文化的发展，造就了文化多样多彩；同时亦有力地影响着法律的发展，使法律同时代、社会在更广阔的空间加强了联系。期间经学之蜕变、律学之独立尤为突出。

东汉末年，群雄割据，统治者无暇顾及文化构建，学术力量严重受损。两汉经学便在此种连天烽火的环境中迅速蜕变，而魏晋经学亦于此时创立。尽管自皮锡瑞定论以来，学界多称魏晋为经学"中衰"时代，但细查其时经学演变，便会察晓魏晋经学虽是两汉经学的延续，但经马融、何休、郑玄等人的发挥，东汉末期经学逐渐摆脱了传统的藩篱，呈现出多种形态，在内容与方法上不乏创新。徐干尝谓汉末之时，"鄙儒之博学也，务于物名，详于器械，矜于训诂，摘其章句，而不能统其大义之所极，以获先王之心。此无异于女史诵诗、内竖传令也。故使学者劳虑而不知道，费日月而无成功"。当章句之学对儒学变得有害无益时，若要捍卫经学，只能舍弃章句的烦琐与呆滞，追求简易与清新。因并不能简单称之为"衰"，视其"蜕变"或更为妥。在现存十三经注疏中，魏晋学者的注疏堪比两汉，如魏有王弼《周易注》、何晏《论语集解》；晋有范宁《春秋谷梁传注》、杜预《春秋左传注》、郭璞《尔雅注》，其繁盛可观，不能不谓魏晋经学在传统之中开创出新的脉络。

自先秦以来，律学便萌芽，至秦有律令之学，及魏晋至六朝，律学鼎盛而后分南北两支并汇于隋唐。律学是在特定历史语境中对经学的一种认同性应答。一方面，经学是一种最重要、最广泛、最有影响、最具有覆盖性和渗透性的因素，总要对包括法律解释在内的一切社会意识形态发出认同性召唤，将它们纳入自己的世界；另一方面，法律总是会自觉不自觉地对经学的召唤以独特的方式做出应答——以经学为标杆的律学著述、律学思想、律学研究范式便是此应答之果。

前述魏晋以来经学之变，魏晋律学既承此根基，必有诸多关联与影响，表现为两端。

其一，经学删减之风与律学归于郑玄一家。东汉以降，经学内部盛行删减章句之风，此风对律学而言来得太猛、太快，使得诸儒无从应对；或说其来得太不及时，在诸儒尚未完成删减律学章句任务时，魏文帝一纸诏书"但用郑氏章句"便已下达。对未被采用的十余家章句而言，既无政治之牵连，已失断罪之舍取，则又何必追寻删减？对于郑玄一家章句而言，既得以独尊，又何惧"繁芜"而被政治所弃？将十余家律章句归于一统，无疑是一个比逐家删减更为有效也更为可行的方法。律学统于一家的归宿也只是历史对其做出的一种选择而已。

其二，经学内部之争与郑玄律学独尊的终结。任何思想一旦变成"唯我独尊"的权威后，就易定型，也会因之失去原有活力而逐渐僵化。一旦社会发生变动，这种僵化的思想体系，必难适应变动的新环境。从刘表之荆州学派始，经学内部对郑玄不断驳难无疑在一定程度上动摇了其地位和影响。既然注经都有"违失"之处，又怎能确保注律上无差错？换言之，经学内部对郑玄的驳难，无疑会对司法实践当中的独尊其说产生怀疑，也影响到对其律学的取舍。王学在魏末已经系统化，涉及政治思想的很多方面，也适应了形势需要，在学术本身已确立了其重要地位，不仅其学说立于官学，其父王朗之学亦然。王肃与司马昭的姻亲是既定之事实，既然王肃不好郑学，其亲家又怎会不分学术之一杯羹与王学？王肃反对郑玄律章句虽无文本记载，但在官学上树立王学之权威，无疑是对郑学独尊的打击。因此，司马昭下令废除郑玄律章句也属情理之中。

此二端，虽看似律学仍受经学之影响，但权威的动摇至少已为律学的自由发展扫清了障碍，既然权威得以动摇，对律学的研究方法和律学思想亦必能得以新发展，在魏晋时期出现了一批律学家与律学著作，律学成为一独立学问亦属必然。

二、魏晋法律文化成就

（一）礼教昌盛：法律儒家化的奠基

以往学界论中国传统法律儒家化，多从魏晋制度入手，但须知制度形成须以文化传播、积淀为基础。其时，传统法律文化的儒家根基是魏晋之际对儒学的承继与传播，循礼崇儒、以德治化，有此方才有礼教之昌盛与法律儒家化之推进。东汉末年，名教尽毁，三国战事频繁，曹操掌权以来，亦不曾放弃对礼教的追求，反而屡颁政令，意欲重建：如建安八年七月令载"丧乱已来，十有五年，后生者不见仁义礼让之风，吾甚伤之。其令郡国各修文学，县满五百户置校官，选其乡之俊造而教学之，庶几先王之道不废，而有以益于天下"；建安十年九月令载"阿党比周，先圣之所疾也。闻冀州俗，父子异部，更相毁誉。昔直不疑无兄，世人谓之盗嫂；第五伯鱼三娶孤女，谓之挝妇翁；王凤擅权，谷永比之申伯，王商忠议，张匡谓之左道：此皆以白为黑，欺天罔君者也。吾欲整齐风俗，四者不除，吾以为羞"。此皆可见曹氏对礼俗破坏的忧心，而欲通过教化重整。当时有识之士亦能理解曹氏意图，对礼的重要性多加关注，认为"夫治定之化，以礼为首；拨乱之政，以刑为先""夫礼也者，万物之体也。万物皆得其体，无有不善"。既有理论观念上的认识，便有实践之付诸。汉末礼仪典章乖弛，在这些旧仪失传之际，当不乏智者为之重建，如王粲、卫觊等人为曹魏兴造礼仪制度。王、卫等人重修礼仪，事关曹魏立朝建基，影响颇重，史谓"魏氏籍汉末大乱，旧章殄灭，侍中王粲、尚书卫觊集创朝仪，而鱼豢、王沈、陈寿、孙盛并未详也……参考今古，更其节文，羊祜、任恺、庾峻、应贞并共删集，成百六十五篇"。司马昭执政时，打起了"以孝治天下"的旗帜，一方面利用儒学打击反对派，形成了"礼教尚峻"的局面，另一方面也用儒家德治笼络人心，"除其烦苛而布其平惠"。后人谓司马氏之帝业乃当时之儒家大族拥戴而成，其篡魏亦可谓之东汉大族之复兴，更深层次言之，当为礼教的复兴，为法律儒家化作支撑。

曹魏重礼，亦重德教。如曹操在其令、教、书、议、奏章，特别是文章诗赋中多引儒家经典，化其意用之。如其《对酒》中的"咸礼让，民无所争讼""恩德广及草木昆虫"，《度关山》中对先贤的称赞，《礼让令》中"让礼一寸，得礼一尺"等，既合经之要义，更饱含对德教之重视。从帝君至于官吏、普通之家庭对教化均秉持积极的态度。如曹植《画赞序》云："观画者见三皇五帝，莫不仰戴；见三季暴主，莫不悲惋；见篡臣贼嗣，莫不切齿；见高节妙士，莫不忘食；见忠节死难，莫不抗首；见放臣斥子，莫不叹息；见淫夫妒妇，莫不侧目；见令妃顺后，莫不嘉贵。是知存乎鉴戒者，图画也。"这篇文字虽涉魏晋间绘画艺术，其中亦能见德教之义。通过对人物的艺术形象引起观画者的情感共鸣而产生的仰戴、悲惋、切齿、叹息等情感反映，实是艺术情感受到道德规范和约束；图画既是艺术表现形式，更是教化的途径。在刑罚与德教之间，魏晋间依然保持以德为先的态势。如任嘏论："道德之怀民，如春阳之柔物也。"桓范谓："夫治国之本有二，刑也，德也。二者相须而行，相待而成矣，天以阴、阳成岁，人以刑、德成治，故虽圣人为政，不能偏用也""使化若春风，泽如时雨；消涧污之人，移薄伪之俗；救衰世之弊，反之于上古之朴；至德加于天下，惠厚施于百姓。故民仰之如天地，爱之如父母，敬之如神明，畏之如雷霆"在此种文化风气影响之下，以重礼教化为主要内容的"家诫""家训"等便盛行于魏晋家族教育中。如嵇康《家诫》云："若会酒坐，见人争语，其形势似欲转盛，便当无何舍去之，此将斗之兆也。"可见社会动荡、分化的环境，都未能阻挡世人对道德的追求和价值的重构。

纵观魏晋时代，尽管经学受到强烈冲击，但依然占据统治思想的核心，且顽强发展，此"象"亦实为假象，在礼教指引下，儒家思想广泛地进入法律层面，并形成制度文化。如曹魏制新律定"八议"，将《周礼》"八辟"编入正文，其刑制也是"更依古义制为五刑"，又除异子之科，使父子无异财。晋律"峻礼教之防，准五服以制罪"，开后代依服制定罪之先河。这些礼法合流的制度多为学界所论，且原心定罪、经义决狱的法律文化在魏晋时仍有持续。

（二）从汉律九章到魏律十八篇：律令体系的转型

曹魏命陈群、刘劭等人删减旧律，"定为魏法，制新律十八篇、州郡令四十五篇、尚书官令、军中令合百八十余篇"。魏律十八篇较汉律九章虽多，但内容上已较汉律精简。三国鼎立，曹魏一朝最早建立，地霸中原，较蜀吴强盛，却为司马氏所篡而早灭于二国，但其政制，特别是法律制度、律典编撰的条例体统和原则精神却得以延续，成为后世修律定典所追溯的一环。经过魏晋的大刀阔斧，晋律精简至二十篇六百二十条，二万七千余字，并患前代"律令本注烦杂"，废除了郑玄律章句，这是中国传统法典从繁到简的一个重要转折点。此后六朝皆循杜预"律贵简直"的修撰原则，律条趋向简明，魏晋精简之后的律令在中国法律史上起着承上启下的作用。律令之外，两汉尚有律章句传世沿用至魏，史载"叔孙宣、郭令卿、马融、郑玄诸儒章句十有余家，家数十万言。凡断罪所当用者，合二万六千二百七十二条，七百七十三万二千二百余言。言数益繁，览者益难"。曹睿针对此况以及在司法中出现的弊病，下令只用郑玄章句，"不得杂用余家"。虽谓律章句未能有效删减，但归于一家亦是精简之态度。

魏晋律典篇目在转型过程中受两方面因素的影响。一是律令的分野。学界通论令起源于秦汉，但令的编撰与形成多与诏令相涉，其种类繁多，律令关系甚为混乱。曹魏时有尚书官令、郡令、军中令三大类，似一反汉令体例，自成系统。晋令凡四十卷，分户、学、祠等目；杜预又将律令性质概括为"律以正罪名，令以存事制"，且晋律中亦有"违令有罪则入于律"之规定，律令分野便产生于此时。这是古代律令不断向规范化、系统化发展的结果，亦为六朝以后各代所继。分野的结果直接导致律令分工，提高了律的独立性和能动性，使律与令有了内容和规范性质上的区分。由此，魏晋律在篇目上所做的调整可看作是与律令分野同步进行而又互相促进的"工程"，如果没有理解错误的话，李玉生所论"中国古代律令分野自曹魏修订魏法时即已基本实现"亦应包含此意。二是学术风气之驱动。时人评价"魏武好法术，而天下贵刑名"，此学术风气即名理、刑名之学。韩树峰认为，汉魏之际的学术风尚，成为《刑名律》《法例律》的催生剂。曹魏《新律》的出现，与当时名理学的兴盛密不可分，如果从法律形式即体例方面进行观察，可以说，魏晋法律与儒学没有太大关系，而是具有浓厚的名理学和玄学色彩，对此，可以称之为"法律形式的玄学化"。韩论指出魏律不仅实现了内容上的儒家化，形式上也在名理学与玄学的影响下确立了新体例，从而也规定了后代律令体例的发展方向。此论固可为研究魏晋律典体例提供一个新的视角，但循名责实不仅需要体现在法律词语的注释上，更要融汇在律典编撰中。律典的篇目，如何言顺需以名正为支撑，曹魏律改"刑名"，晋律增"法例"，实即正名之举。既是正名，必辨异同，而此种体例亦在魏晋经学中产生——释例（凡例）。其时对释例有研究之人，正是参与修律注律的杜预。杜氏《春秋经传集解序》谓："别集诸例及地名、谱第、历数，相与为部，凡四十部，十五卷，皆显其异同，从而释之，名曰《释例》。"在"治化贵简易，法令不欲多"的风气下，既有律典简化取向，亦有轻刑、慎刑之传统。鉴于战乱给社会带来的剧烈动荡，曹魏曾致力于轻刑，减轻社会矛盾，以安抚民众。如黄初五年之《议轻刑诏》云："近之不绥，何远之怀！今事多而民少，上下相弊以文法，百姓无所措其手足。昔太山之哭者，以为苛政甚于猛虎。吾备儒者之风，服圣人之遗教，岂可以目玩其辞，行违其诫者哉！广议轻刑，以惠百姓。"青龙三年《议狱从宽简诏》云："有虞氏画象而民弗犯，周人刑错而不用。朕从百王之末，追望上世之风，邈乎何相去之远？法令滋章，犯者弥多，刑罚愈众，而奸不可止。往者按大辟之条，多所蠲除，思济生民之命，此朕之至意也。而郡国毙狱，一岁之中尚过数百，岂朕训导不醇，俾民轻罪，将苛法犹存，为之陷阱乎？有司其议狱缓死，务从宽简，及乞恩者，或辞未出而狱以报断，非所以究理尽情也。其令廷尉及天下狱官，诸有死罪具狱以定，非谋反及手杀人，亟语其亲治，有乞恩者，使与奏当文书俱上，朕将思所以全之。其布告天下，使明朕意。"

后人对曹操的评价多近法家，实际上曹操及其子孙并不乏儒家之风范，更不缺对战乱社会之人文关怀，这些关怀尽可从曹氏父子的文学作品中得以反映。与此同时，朝臣亦多议轻刑、省刑，并为之实践。如王朗《劝育民省刑疏》谓："今远方之寇未宾，兵戎之役未息，诚令复除足以怀远人，良宰足以宣德泽，阡陌咸修，四民殷炽，必复过於曩时，而富於平日矣。易称敕法，书著祥刑，一人有庆，兆民赖之，慎法狱之谓也。"对于刑罚执行者的选拔予以重视，则反映曹魏对刑罚的慎重。如建安十九年曹操令："夫刑，百姓之命也，而军中典狱者或非其人，而任以三军死生之事，吾甚惧之。其选明达法理者，使持典刑。"杜畿所论"知国家以人择官，不为官择人也。官得其人，则政平讼理；政平故民富实，讼理故囹圄空虚"正是对此最好的注释。在注重选官以使刑平的同时，帝君亦亲力亲为，如曹睿重视刑狱，尝谓"狱者，天下之性命也"，改平望观为听讼观，"每断大狱，常幸观临听之"。讼观的设立对后世影响深远，司马氏代禅之后仍遵此制，晋武帝都多次听讼录囚。《三国志》虽不设《循吏列传》，但魏志当中多有循吏的典范。魏晋间的原心定罪、经义决狱诸例，均是轻刑、慎刑的表现。

（三）从诸儒章句到张杜律注：律学官授文化的滥觞

由于传世的法律解释繁多，又不能尽一，因此魏晋间将律学归于一统，明定权威，确为必要之势。

经过战乱，律典消亡，官吏又不通律令，若能有专门机构、专门之人传授此学，当有助于律典的重构。及朝野初定，卫觊便上奏："九章之律，自古所传，断定刑罪，其意微妙，百里长吏，皆宜知律。刑法者，国家之所贵重，而私议之所轻贱；狱吏者，百姓之所悬命，而选用之所卑下，王政之弊未必不由此也，请置律博士，转相教授。"此为律学官授的肇始。按晋志纪事顺序，卫觊陈奏之前，下接"天子于是下诏，但用郑氏章句，不得杂用余家"之记述，可知曹魏律博士之设必传授郑玄律章句。这种传授亦早于曹魏制新律，直至司马昭封晋王而废除。尽管由于史料所囿，目前尚不能挖掘更多关于曹魏设博士的记载（除了卫觊所奏可见、传授的为郑玄律章句可考外），但律博士的设立确实对律学延续和律典编纂起了十分关键的作用，正如沈家本所言，此历代律博士之官制也，其品秩人数多寡高下虽不尽同，而上自曹魏，下迄赵宋，盖越千余年，此律学之所以不绝于世也。如是观之，赵宋律学祭酒、南朝律学助教等职都源于此制。及晋律修定，张、杜相继为之作注，经武帝而颁行天下。虽张、杜二人为自行注释，但此二人都参与了修律，不管从哪一方面来说，都比之前的诸儒更能理解律意，看似私注，但一经程序确定则通行不易，这便使得律典注释的权威性得以强化，再无之前的私注私授。张杜律注适用于六朝，在宋、齐、梁、陈，张杜律注仍于司法中得以适用。传世史料均有记载，如齐武帝时"江左承用晋时张、杜律二十卷"。同样亦有出土材料为之支撑，如2002年在甘肃玉门花海所出土的《晋律注》。据考古报道，此注文是在编号为M24的一座小型土圹墓中发现的，为后人所抄成书，后裱糊于棺盖之上。根据同墓出土的有纪年的随葬衣物判断，其为五凉时期作品。此足证张杜律注的影响所达时空范围之广。律学官授，设置专门职官，教授法律，使律学立于官府，律学亦因此逐渐摆脱对经学的附庸地位，发展成相对独立的学科。同时亦使得立法者能直接参与法律注释，促进律学研究与立法活动的同步。律学作为一种意识形态必受专制国家的关注，律学官授正是关注的体现，将律学职业化即此种关注的最终目的。晋以来，律学即官学，统治者干预和控制律学的程度日趋严重，被意识形态钳制之学术难为真正之学术，这或许就是后世所论律学日渐消亡的一个源头。

三、风度与风流：魏晋法律文化的特质

若谓汉代的文化气质是端肃与凝重，魏晋的文化气质则是活泼与玄虚。魏晋时期的文化有相对独立的区域文化格局，传统文化改造与新文化创造相结合，外来文化对中原文化产生了深远影响。这些特征一改传统文化固有的颓废，创造了文化新精神，也成就了魏晋的风度与风流。

魏晋南北朝时期思想、学术、社会领域虽然发生了巨大变化，但并不意味着魏晋儒学中衰。相反，儒学传统为更多的人所继承，儒学传统的延续及其学风的漫延，必然会使儒风得以发展。当时统治阶层对儒家学说尤其是礼学在宣扬教化、维持社会统治秩序方面的作用有比较清醒的认识。其实就算是嵇康之类诋毁礼教之士，其在本质上也是维护礼教的。如鲁迅在《魏晋风度及文章与药及酒之关系》一文中论："例如嵇阮的罪名，一向说他们毁坏礼教。但据我个人的意见，这判断是错的。魏晋时代，崇奉礼教的看来似乎很不错，而实在是毁坏礼教，不信礼教的。表面上毁坏礼教者，实则倒是承认礼教，太相信礼教。因为魏晋时所谓崇奉礼教，是用以自利，那崇奉也不过偶然崇奉，如曹操杀孔融，司马懿杀嵇康，都是因为他们和不孝有关，但实在曹操司马懿何尝是著名的孝子，不过将这个名义，加罪于反对自己的人罢了。于是老实人以为如此利用，亵渎了礼教，不平之极，无计可施，激而变成不谈礼教，不信礼教，甚至于反对礼教。——但其实不过是态度，至于他们的本心，恐怕倒是相信礼教，当作宝贝，比曹操司马懿们要迂执得多。"从玄学与经学的关系来看，玄学既对两汉传统经学之流弊进行了否定和批判，又以新的途径、形式对经学进行了修正和维护。在玄学的构成因素中，经学作为一个重要源流被融合，但它已褪去神圣尊严的色彩，而在自由解经、不拘章句、得意忘象的状态下被重新阐解、发挥，从而在某种意义上或可以说经学是寄居于流风极盛的玄学中，改变着自身的形态，从而获得了更新、再生。曹操重礼慎德，司马氏持名教自居，以孝治天下，何尝脱离儒家典礼的范畴？及魏晋修律，引礼入法，奠中国传统法律儒家化之根基，且修律之人，又尽为儒生，何尝不得礼之精神？如果说汉律在精神上已有儒家化之趋向，则魏晋法律无论在精神上还是形式上都已是儒家化的现实。斯为魏晋对礼的精神和律的精髓之传承。儒家思想在两汉高居独尊，至东汉末年为之一变，但是盛行已久所积淀下来的文化或意识或权威，并非一夜之间便能替代的。虽然魏晋间在政治、经济、文化上有诸多建制，但新的秩序又难以一夜之间形成，于是过去在传统约束下的个人，开始对过去的偶像发生怀疑，经过自我反省以后，而发现自我的存在，最后个人终于从传统的束缚中解放出

来。这是汉晋间思想转变的过程中所出现的特殊现象。魏晋间出现了一批批名声卓著的文人雅士，他们在汉魏文化的传承嬗变中代表着新的学术思潮，成为名士风流的特殊文化景观。就魏晋律学而言，它确实在一定程度上脱离了传统经学的束缚、规范而得以丰富发展，不管是在形式抑或研究方法上，都已成为一门独立的学问。于法律思想而言，魏晋思潮已不再是儒家传统能控制的，玄学的异军突起，以道家的"自然"来对抗儒家名教，主张放情任志、顺乎人性，无疑是对儒家伦理说教的一种否定和反动，亦可看作礼法束缚之下的一种解脱。程树德谓："自晋氏而后，律分南北二支：南朝之律，至陈并于隋，而其祀遂斩；北朝则自魏及唐，统系相承，迄于明清，犹守旧制。"陈寅恪亦谓"司马氏以东汉末年之儒学大族创建晋室，统制中国，其所制定之刑律尤为儒家化，既为南朝历代所因袭，北魏改律，复采用之，辗转嬗蜕，经由齐隋，以至于唐，实为华夏刑律不祧之正统。"两位大家的宏论都肯定了魏晋法律是隋唐法律之渊源。因此，所谓独立，是视魏晋法律文化为中国传统法律文化不可或缺的一环，而非简单的传承和平淡的解放，魏晋法律文化是汉唐间自觉发展起来的文化奇葩。魏晋之后，中国又呈分裂之势，地理、政治的分裂难免会导致文化的裂痕，若无魏晋法律文化之独立性所奠定的根基，而后中国传统法律文化很难能保持南北两支独立发展的态势，亦很难估计南北朝两支法律文化在隋唐得以统一的程度。斯为魏晋律学之独立。

　　汉末魏晋六朝是中国史上最混乱、社会上最苦痛的时代，然而却是精神上极自由、极解放的一个时代。这个时代的功绩无论是其对过去传统的反叛，还是对未来的历史命运的昭示，都是值得大书特书的。如果说魏晋在法律文化上继汉是一种风度，那么在法律文化上的解放与独立则是一种风流。魏晋间社会生活动荡不安，价值体系崩溃，学术不断分野，文化也自然随之鼎新。在分野与鼎新的过程中，魏晋间人也留给世人"将无同"的哲理。（"将无同"为魏晋间人语，出自《世说新语·文学》："阮宣子有令闻，太尉王夷甫见而问曰：'老庄与圣教同异？'对曰：'将无同？'"其犹言莫非相同、恐怕相同，是一种两可、缥缈恍惚之谈。）当我们在讨论一段时期的法律文化之时，也总会有这样的疑问：同或不同？同在何处？不同又为何？从这思辨的三字而言，或许会使我们对重新认识魏晋间法律文化的源与流有着更多的思考。

第四节　唐朝法律文化

唐朝等级森严，君主及贵族官僚享有各种特权，这种等级特权主要是通过对百姓施加刑罚加以保障的。农业是封建社会的经济基础，为了保证农业生产，封建统治者无不采取措施加以维护，重农抑商就是为了保证农业发展的重要措施，唐朝也不例外，唐太宗就曾经说过"工商杂色之流，假令术逾侪类，止可厚给财物，必不可超授官秩，与朝贤君子比肩而立，同坐同食"，意在从政治上抑制商业的发展。相对于前朝而言，唐朝的抑商思想稍趋淡薄，从唐律的内容来看，唐律中规定了一些条文以维护封建的均田制，同时规定了一些对破坏农业生产犯罪的惩罚，可见唐朝对农业的重视。

《唐律疏议》是一部以刑法为主、诸法合体的法典，它的内容包括刑法、行政法、民法、经济法等方面，而其中，刑法是主要内容。由此可见，《唐律疏议》具有重刑轻民的倾向。《唐律疏议》不仅是一部刑法、民法、行政法诸实体法合体的法典，也是集程序法于一体的法典，对法律程序的规定主要体现在《斗讼律》和《断狱律》上，从条文数量上看，诉讼法比例远小于实体法比例，对违反程序法规定的法律责任，《唐律疏议》规定的是以刑罚的手段进行惩罚，而没有形成独立的法律责任体系，并且从《唐律疏议》现有的诉讼法规范来看，其对诉讼程序的规定也比较粗糙，由此可见，《唐律疏议》中存在重实体而轻程序的现象。通过上述分析，可以知道，唐朝法律文化具有以下特点：等级森严、重农抑商、重刑轻民、重实体而轻程序。

一、以维护皇权统治为中心，等级森严

在封建专制主义社会，中国古代国家机器都围绕着皇帝运转，一切权力都集中在皇帝手中。皇帝的权力被称为皇权，包括最高立法权、司法权、行政权和军事权、人事权、检察权。为了维护皇权，封建统治者必然要采取各种措施，设置等级制度就是政治上的一种措施。为了维护皇权及等级制度，掌握着国家最高立法权的皇帝必然要求在法律上确认其最高统治地位，赋予封建贵族官僚各种法律上的特权。

我国整个封建社会在政治制度上一直呈现等级森严的特点，封建社会这种在政治上的特征也反映到了封建法典中，形成古代法律的一个重要特征。

所谓等级，即指不同的社会集团。社会等级其实就是由法律或道德习惯所确立和固定的，不同阶层的社会成员分别享受不同权利、承担不同义务的社会

政治生活模式。等级制度的内容表现在各个方面，包括经济、政治、社会、法律等。在经济上，表现为包括从皇帝到贵族官僚的统治阶级与作为被统治阶级的平民阶层对土地等生产资料的占有上存在巨大差异，这种经济上的等级差异必然反映在政治上的等级区别，封建国家通过分封制、官僚制度、中央集权制度等一系列政治制度来维持这种等级差别。经济上的等级差异决定了政治上的等级差异，反过来，这种政治上的等级制度保障和维持着经济上的差异。统治阶级为维护这种等级差异，除了通过国家的强力来保障以外，还通过法律的形式，确认各个阶层在法律上的权利义务的不平等。法律确认了君主至高无上的地位，赋予了贵族官僚各种特权，并维护这种等级差别，不容僭越。在思想上，以"礼"教化人们，维护宗法等级制度。"礼"的本质就是宗法等级制度，强调君臣之分、尊卑有序。封建社会的这种等级差异渗透到了社会的方方面面，如服饰、建筑、车轿、婚姻、丧葬、祭祀、官制等。这种森严的等级制度在官阶上反映得尤为明显，中国古代大量的典章都明文规定，不同的官阶等级享有不同的政治、经济待遇，拥有不同的权力，绝对不允许僭越，并且不允许假借。统治者的目的在于，通过严格的官阶等级划分，形成上下有别、高低有序、主从有分的严格统属关系，从而使得不同等级的官吏能够各守其职、各行其权、各尽其责。在中国封建专制社会，围绕着君主形成统治阶层，而这个统治阶层按照一定的原则排列等级，这种排列原则，一是要看他们和君主的血缘姻亲及亲疏远近的关系，二是要看他们在国家政权创建和运转过程中的贡献和职权大小。依照这个原则，各种成员在政治、经济上拉开了档次，等级森严。

二、以秩序为核心价值，重农抑商

重农抑商在我国古代长期存在，它的存在，归根到底，是为了维护封建统治秩序。私人工商业与国家争利，与农业争夺劳动力，于国家有害；商人讲究物质享受，生活奢侈，破坏上下有序的等级制度，而大商人往往与地方势力勾结，危害中央集权，形成割据势力；另外，商人主张奢侈之风，也严重地危害了封建统治。可见，重农抑商是封建国家为维护封建统治秩序而实施的一项重要措施，在法律上，体现为将秩序作为核心的立法价值。

重农抑商是中国古代一项重要的经济政策，为保证这一政策的实施，封建统治者以法律的形式予以保障，重农抑商成为中国古代的一个立法思维定式。

（一）重农抑商概念辨析

重农抑商政策是唐朝实行的基本经济政策，包括重农和抑商两部分。重农就是重视农业，尤其是重视个体小农经济。而抑商的含义，则一直存在着争论，

51

概括起来，主要存在四种观点：第一种观点认为，抑商就是抑制商业，如王炎平就认为抑商仅指商业活动本身，单纯抑制商人的地位和活动，不能称为抑商；第二种观点认为，抑商是指抑制商人，吴刚、卢新远等持此观点；第三种观点认为，抑商在不同时期有不同的概念，如张守军认为，抑商在战国和秦朝指商业，在西汉指富商大贾，而在盐铁会议之后，抑商则指压制民间工商业；第四种观点认为，抑商既抑制工商业，又抑制工商业者，孟繁清就持这一观点。笔者赞成第四种观点，纵观中国古代历史，封建统治者不仅通过对商人征收重税、变换币制、禁榷、土贡等政策抑制商业，还通过禁止商人为官等手段限制商人的政治地位。而对于重农与抑商的关系，历来存在争论：有人认为，重农必须抑商；也有人认为重农不必抑商。笔者认为，重农与抑商在一定程度上存在冲突，但不绝对矛盾。农业生产发展需要大量人力、物力，而商业活动占用过多的农业劳动力，导致农民脱离农业。但同时，保证农业的发展与发展商业并不绝对矛盾，农业生产的发展在一定程度上可以促进商业的繁荣。

（二）重农抑商主要措施

1. 禁榷制度

禁榷制度，即我们今天所说的专卖制度，政府对一些利润丰厚的行业从生产到销售进行垄断性经营，与商人争利，以达到增加国家财政收入的目的。禁榷制度起源于汉武帝的盐铁官营制度，以后的历代王朝也在不同程度上实行了禁榷制度。西汉以后，禁榷制度的经营范围不断扩大。唐朝规定了"私盐一石至死"。禁榷制度的实质就是禁止私营商业，发展官营商业。这种官营商业的经营方式和资金来源等方面都与私营工商业不同，不是在自由竞争条件下产生的商业形式，因此，并不是真正的商业生产。

2. 重征商税

国家重视农业生产的发展，对商人则"重租税以打击"。

3. 变换币制

封建统治者进行币制改革的主要目的之一就是通过改变铸币的金属成分、重量、发行量来使货币贬值，以达到搜刮民财、商财的目的。

4. 贬低商人的社会地位

在封建社会，商人的社会地位一直处于"士农工商"之末。商人专立户口，称之为市籍。唐《选举令》规定，"身与同居大功以上亲自执工商，家传其业不得仕"。

（三）重农抑商的作用

重农抑商是在我国历史上长期存在的历史现象，它既有合理性，也有局限性；既有积极作用，也有消极作用。重农抑商政策起到了维护封建社会经济基础的作用。封建社会的经济基础是小农经济，重农就是要重视和发展农业，而抑商则是通过对商业的抑制，保证农业生产所需的劳动力，从而有力地促进小农经济的发展。在中国古代，农业还是国家税收的主要来源，而商业具有流动性，难以产生一种有效的征税办法，对农业地位的保障也就意味着对国家财政收入的保障。那么，重农抑商的消极作用就是抑制了商品经济的发展，从而限制了民事法律关系的发展，导致民法的不发达。小农经济能够实现自给自足，不需要交换，因而商品交易少，难以产生对民法的需求。商品经济以等价交换为原则，要求的是交易主体之间的平等，而重农抑商对商业的抑制，从某种程度上抑制了平等意识的萌芽，欠缺平等意识，至今仍然影响着我国人民的思想和行为，这与法治所要求的法律面前人人平等的要求是不相符的。重农抑商维护的是君主专制，是为了维护君权的至高无上，法律只是维护封建统治的工具，君主的权力没有任何限制，这就限制了宪政的发展，也是法治意识没能在我国产生的原因之一。法治要求对政府权力进行限制，要求人人平等地遵守法律，而在君主专制下，君主的权力是没有任何限制的，并且在君主专制下还有一整套特权等级制度，而重农抑商维护了这种君主专制，维护了特权，是导致法治没能在中国萌芽的间接原因。

三、以纵向关系为重心，重刑轻民

重刑轻民是中华法系的一个重要特征，这一特征在唐律中也体现得很明显。从唐律中可以看到，刑法、行政法法律条文占据多数，而民法条文占据少数，即注重调整纵向的不平等主体之关系的调整，而轻视对横向的平等主体之间关系的调整。其中，仅《唐律疏议》中的《户婚律》对民商事关系做了调整。由此可见，封建统治者关心的是整个自上而下的统治秩序，对于横向的平等主体之间的民商事关系、平等主体之间的权利与义务则不那么关心。

《唐律疏议》是中华法系的代表，一共十二篇，《名例律》为首篇，在这一篇中规定了刑法的基本原则、种类，相当于现代的刑法总则，集中体现了唐律的基本精神和立法原则。除了《名例律》以外，唐律从第二篇《卫禁律》到第十篇《杂律》，其内容都以刑法为主。

在刑罚体系上，重刑轻民的体现就是推行严刑峻法，中国古代的刑罚体系发达而严密。中国古代刑种繁多，商周两代已有奴隶制"五刑"，即墨、劓、剕、宫、大辟。进入封建社会以后，刑种仍然繁多。秦朝时，刑种在八十种以上，其中，生命刑有十九种，身体刑有十五种，劳役刑有三十二种，财产刑有九种，自由刑有五种。汉承秦制，刑罚有十五种。在刑罚设置上，实行轻罪重罚，战国时期新兴地主阶级在制定法律时将"重刑轻民"作为主要立法原则之一，都主张轻罪重罚，重刑止奸。商鞅说："重刑连其罪，则民不敢试。民不敢试，故无刑也。""禁奸止过，莫若重刑。"韩非说："罚重，则所恶之禁也急。"中国古代刑罚残酷，肉刑始终未绝，汉代虽进行了肉刑改革，但就其当时所实行的法律来看，仍是十分严酷的。

重刑轻民不仅体现在严刑峻法中，还体现在古代司法机关的设置、诉讼原则的确立、审判制度的完善方面。他们都以保证刑法的实施为重心。首先建立了以执掌刑法为主要职责的司法机关。隋唐时期创建了三法司，即大理寺、刑部、御史台。唐朝确立了三法司体制。唐时的《户婚律》中有关于尊长、卑幼、继承、婚姻等的规定，杂律有关于钱债、买卖的规定。它们都附属于刑法典，是不独立的。

四、以便于权力行使为原则，重实体而轻程序

中国古代法，从本质上来说，只是作为政治统治的工具，君主的权力至高无上，是没有任何的限制的，因而，整个中国古代的国家机器是围绕君主权力运转的，中国古代一些政治制度的建立也都是为了让君主更好地行使权力，法律也是为这一目的而服务的。正因为没有限制权力的观念，统治者更关注于制定实体法，以便于行使权力，对于限制权力的程序法，则被忽略掉了。

重实体而轻程序是中国古代法制的重要特点，在立法和司法领域均有体现。重实体而轻程序的特点在立法领域主要表现在两个方面。首先，程序法没有从实体法中独立出来，大部分程序法出现在刑法典中，还有一部分程序法内容出现在行政法规范的条文中，如《唐令·狱官令》就是关于审判程序的规定。其次，程序法内容较为简单。司法官员办案时受到的约束较小。虽然中国古代程序法对起诉、受理、审判、执行的制度都有所规定，但这些规定都很粗疏。

重实体而轻程序的特点在司法领域主要表现为现行的程序规范在诉讼和审判中经常不被遵守，诉讼参与人及听讼官员违反法律程序，只要未造成严重后果，一般会免予制裁。司法官员也没有严格地遵守法律程序的意识，有时会为了追求实体的正义而违反法律程序。

第五节 宋朝法律文化

宋朝在中国封建社会发展史上，是一个私有制高度发展、商品经济空前发达、科学文化繁荣昌盛的历史时期，也是一个内外矛盾突出、社会关系激剧变化的朝代。而源于这一特定历史条件下的法律文化，无论是官府运用政权设计出来的法律体系，还是民间自发形成的法律文化创新，都呈现出全面发展的态势。正是这些新的法律现象的出现，使"中国的传统法律到了宋朝，才达到最高峰"。

一、法律观念中的务实精神

宋朝封建私有制和商品经济的快速发展，使诸多传统观念受到冲击。在"德治"与"法治"的关系上，虽然宋儒仍"罕言法律之学"，甚至有的喋喋不休地鼓吹"读书万卷不读律"，但在复杂多变和内忧外患的社会现实面前，更多的人认识到，运用法律合理地界定人们的权利，及时有效地调整不断变化的社会关系，公正地规范人们的行为，远比空谈道德教化、"务使天下之义理不可逾越"的作用更具有现实意义。因此，宋朝自建国初，从皇帝到官僚士大夫，就一直非常重视明法习律，加强法制建设，注重发挥法律的社会功能。

（一）治国"以法为本"的思想与实践

宋太祖建国初就讲："王者禁人为非，莫先于法令。"基于这一认识，自宋初就开始了创建统一法制的活动，于建隆四年制定了宋朝第一部宽简体时的《宋建隆重详定刑统》（以下简称《宋刑统》）。宋太宗认为"禁民为非者，莫大于法"，并告诫臣下："法律之书，甚资致理，人臣若不知法，举动是过，苟能读之，益人智识。"其后的宋神宗、宋孝宗，更是变法和守法的典范。

宋朝的官僚士大夫，对法律在治国安邦中的重要作用的认识亦发生了变化。宋仁宗庆历时的枢密副使富弼讲："自古帝王理天下，未有不以法制为首务。法制立，然后万事有经，而治道可必。"王安石说："盖君子之为政，立善法于天下，则天下治；立善法于一国，则一国治。如其不能立法，而欲人人悦之，则曰亦不足矣。"王安石所说的"善法"，是指应制定有利于富国强兵，有利于发展生产和改善人民生活的法律。王安石的这一立法思想，成为熙宁变法改革的指导原则。司马光虽然反对变更祖宗之法，但他也认为，"王者所以治天下，惟在法令"。并主张用"严刑峻法以除盗贼"。其后主张以法治国者并不少见。

南宋叶适说："天下以法为治久矣。"杨万里亦说："法存则国安，法亡则国危。"即使被称为"尊道之君子"的理学大师朱熹，在南宋的社会现实面前，也十分推扬法治。朱熹不仅提出法律要"以严为本，而以宽济之"，而且极力主张恢复肉刑，甚至上章劝皇帝要"深于用法，而果于杀人"。宋朝统治者法律价值观的变化，对宋朝法律发展产生了深刻的影响。

（二）天下"以法为公"观念的发展

宋朝士大夫对法律的公正、公平属性的认识更加深刻。宋朝士大夫纷纷提出要公平、公正执法。司马光说："奉公如法则上下平，上下平则国强。"他认为用法"急于庶民，缓于权贵，非长久之道。诚能反是，天下幸甚"。他提出："有罪则刑之，虽贵为公卿，亲若兄弟，近在耳目之前，皆不可宽假。"对此，范仲淹也提出："贵贱亲疏，赏罚唯一。有功者虽憎必赏，有罪者虽爱必罚。"南宋士大夫对此亦有类似的观点：陈亮提出"法不得自议其私"，杨万里则认为"用法自大吏始，而后天下心服"，朱熹亦提出"有功者必赏，有罪者必刑"。宋朝官僚士大夫的法律公平论，颇有法律面前人人平等的精神。

从宋朝统治阶层对法律价值的认识来看，无论是持何种政见的士大夫，在以法为本治天下的问题上，都表现出现实主义精神和务实态度，对宋朝法律文化的发展具有积极的推动作用。

二、法律制度的适变特征

宋朝的法律制度，是在商品经济快速发展、社会关系激剧变化、阶级矛盾不断加剧、皇权不断强化中创建的。因此，宋朝的法律具有鲜明的适变特征。

（一）立法频效，法治色彩浓厚

宋朝社会各方面的发展变化，要求法律应及时有效地予以调整和规范，因此自宋初就非常重视法制建设。《宋刑统》的制定，是宋朝建国后第一次大规模的立法活动。宋朝编敕种类很多，既有通行全国的综合性编敕，又有中央各省院寺监和部曹司务的部门编敕，亦有一路、一州、一县的地方编敕。其法律形式有《宋刑统》《敕令格式》《条法事类》等综合性法典，又有分类编修的令、格、式、例及条贯、条制、条约、则例等单行法规。其法典规模亦随着立法体例的不断变化和附加名目的不断增多而空前庞大繁杂。据粗略统计，在宋朝三百多年间，共制定各种不同类型的法典二百四十多部。其调整范围遍及社会生活各个领域，形成了严密的法网。

宋朝的法律在北宋仁宗时已经是"大可含元，细不容发"。所以苏洵讲：

"故今之法，纤悉委备，不执于一，左右前后，四顾而不可逃。是以轻重其罪，出入其情，皆可以求之法。"南宋的法律更是"细者愈细，密者愈密，摇手举足，辄有法禁"。叶适在谈淳熙新法时说："今内外上下，一事之小，一罪之微，皆先有法以待之。"由此不难看出，宋朝的立法把社会生活各个方面都纳入法律调整范围之内。这在中国封建法律发展史上非常少见。宋朝立法本身固然存在不少问题，但其浓厚的法治色彩，则是宋朝法律文化的一个鲜明特征。

（二）以敕为主，改变了律的正统地位

自商鞅改法为律之后，律便成为历代治国的根本大法和封建法统的代表。宋初制定的《宋刑统》中，虽然编录了部分敕令，开创了律、敕合编的先例，但敕只是补充律之不足。其后的编敕，也未改变律的大法地位。自宋仁宗，编敕始成为独立法典，从此开创了律、敕并行的局面。宋神宗时，基于变法改革的需要，宣布"律不足以周事情"，并将唐以来的律令格式"更其目曰敕、令、格、式，而律恒存乎敕外"。至此，律在实际上居于"存之以备用"的地位。南宋断狱仅"敕中无，方用律"。所以说律的备用地位至宋末也未改变。

在中国传统法律文化中，由于法权源于君权，所以"人主之法"的特点非常突出。在宋朝出现的从以律为主，到律敕并行，再到以敕为主的变化，是宋朝专制君权不断加强在法制建设上的典型体现，亦是宋朝法制构建中的又一个突出特征。

（三）阶级矛盾，推动了刑法的重典化

刑法是维护统治秩序、惩戒犯罪的工具，所以刑法历来是随着阶级矛盾与阶级力量对比关系的变化而变化的。

宋初统治者，为稳定政权，标榜"仁政"，创制了"折杖法"，以代流、徒之刑，以减杖、笞之数。为宽贷杂犯死罪，又定"刺配法"，以示轻刑之意。其后为轻典治吏，又立羁管、编管、编置、安置、居住之法，在封建五刑之外，形成了宋朝的"自立一王之法"。但随着宋朝阶级矛盾的发展，不仅宽贷杂犯死罪的"刺配法"成为立法烦密、使用广泛、刑罚严酷的独立刑种，而且对"贼盗"罪的法外用刑更为残酷。

宋朝土地兼并的速度非常迅猛，赋役负担日益加重，进一步激化了阶级矛盾。至宋仁宗时，在全国范围内出现了"盗贼纵横"，而郡县不能制御的严峻局面。为镇压"危害社稷"的"盗贼"犯罪，维护紧要地区的社会治安，宋仁宗于嘉祐六年，"始命开封府诸县盗贼囊橐之家立重法"，即首创《窝藏重法》。其后英宗、神宗、哲宗各朝，相继制定了《贼盗重法》，之后又扩大了《重法地

法》，对"贼盗"首恶者皆"许凌迟处死"，使重法统治成为北宋中后期统治全国的基本形式。北宋针对特种犯罪制定的特别法，在特定地区实行特殊统治，是中国封建法律发展史上的首创，突出表现了宋朝法律制度中的适变特征。

南宋虽然无"重法"之名，但面对连绵不断的"贼盗"犯罪，在推行军事镇压的同时，又规定"强盗两次以上，虽为从，论死"。"贼盗"罪犯的首恶者，亦以"国朝之极法"凌迟处死。由此表现了宋朝刑法重典化的特征。

（四）财政困难，推动了经济法的发展

宋朝是一个封建经济相当发达的王朝，也是一个国用困乏、财政收支矛盾长期突出的朝代。因此，宋朝的经济立法一直是围绕调整经济关系、维护国家经济利益、确保国家财政收入、严格财政管理、扭转财政危机这个中心问题不断发展完善的。

在调整经济关系方面，王安石变法制定和实施的各项新法，最集中地反映了宋朝运用法律调整经济关系的时代精神，在农业、手工业、商业发展中发挥了重要作用。

1. 国家财政收入方面的立法详备

为保证农业税收的实现，朝廷对征纳二税的程序、催科二税的时限、减免二税的条件、违欠二税的制裁、隐匿二税的惩罚等，都制定了严密的法律。朝廷为保证征商之利，自宋初就制定了《商税则例》，统一了全国应税商品种类和税率；为不亏损国家商税收入，随着物价波动和货币贬值，对税率不断进行调整；对偷漏商税者，采取了经济制裁与刑事惩罚并用的方法。为保证独占利益的实现，朝廷还制定了严格的禁榷法，对私产、私贩、私销禁榷产品的违法行为，皆于"常法外重行断治"，突出表现了维护国家经济利益实现的特征。

2. 财政管理方面的立法更为严密

朝廷为了确保地方钱物及时送交中央，对上交时限、数额、质量都有严格立法，凡上交不如法及私自挪用、截留者严惩不贷；为防止纲运中失陷官物，建立了监押官吏连保赔偿制；为防止管理中走失官物，建立了严格的簿历和仓库管理制度；为控制财政支出，建立了预算制和凭由制；为维持财政收支平衡，建立了月申、季申、年申的法定程式，规定了年终分类核算法式。

宋朝分类核算的多样性，突破了财政核算以收支实现的传统原则。为了加强财政管理，宋朝亦制定了严密的财政监督法，不仅从中央到地方建立了多层次、多渠道的财政监督体系，而且对财政监审范围、内容、报审程序、送审时限、

审查期限、失查责任等，都有严密的法律规定。宋朝财政监督机制的科学化，亦表现出财政日益集权化的变化趋向。

（五）私有权关系的复杂化，推动了私法的发达

宋朝私有权关系的复杂化，使调整私人之间财产关系和人身关系、保护私人权益的民事法空前发达。

宋朝私有制的高度发展，使长期存在的阶级结构发生了突破性变化。传统的法定"贱民"和长期被列入"市籍"被称为"杂类"的商人，在宋朝皆成为国家法定的"编户齐民"，尤其是以契约形式确立的租佃关系和雇佣关系中的佃客、雇工、人力、女使等。唐代"贱民"，不再是随主附籍的主家私属，而是享有民事权利主体资格和独立人格的国家良人，其人身权受到法律保护。虽然这种变化不可能是真正意义上的完全平等，但在中国封建人身解放史上仍不失为社会文明前进中的一个突出表现。

宋朝土地的商品化和租佃关系的发展，不仅加速了土地所有权的转移，而且使土地的所有权、占有权和使用权分离，并可以独立进行有偿转让。借贷关系的发展，又出现了以典权、抵押权、质权为内容的担保物权。这些新的所有权关系的产生，进一步推动了保护和调整所有权关系的发展。从宋朝保护孤幼财产所制定的监护法，可以看出宋朝运用法律保护私有权的深化程度。

宋朝因各种契约关系所生债务之多，使调整债权人和债务人之间权利和义务、保证债务清偿实现、担保债的履行等方面的法律亦相当详备。尤其在债的担保中，不仅强调"保人代偿"，而且加强了物力在担保中的地位和对债务清偿的行政干预，突出表现出保护债权人权益的特征。宋朝债法维护了出典人和设押业主的所有权和回赎权，从而又表现出宋朝债法亦维护债务人合法权益的特征。

继承法作为维护私有权转移的法律，在宋朝也发生了较大变化。特别是宗祧继承与财产继承的分离，使没有宗祧继承资格的女子、义子、入舍婿等，都享有了财产继承权。尤其在户绝财产的继承中，依令文"尽给在室诸女"。其归宗女、出嫁女及出嫁姑、姊、妹、侄等，也享有部分遗产继承权，并受到法律的严格保护。因遗嘱是对私有财产处分权的最终体现，具有改变继承人范围、顺序和遗产份额的效力，因此宋朝对遗嘱的有效条件、遗嘱真伪的鉴别、维护合法遗嘱的履行、遗嘱争讼的决断等，都制定了严密的法律，亦表现出宋朝保护私有权法律的完善。

三、司法运行中的文明趋向

在中国封建司法文化中，皇帝具有最高审判权，各级官吏在自己权力范围内，亦以权压法。因此"重权轻法"的观念根植于民众的心灵之中。宋朝统治者，为确保制定法的实施，充分发挥法律的效能，加强了司法中的文明建设，使其司法活动呈现出文明进步色彩。

（一）强化了司法审判中的约束机制

宋朝统治者，为在复杂多变的社会中更好地实现法律的自身价值，使司法活动有秩序地运行，对司法机构的职能和管辖、起诉方式、审判原则、审判程序、复审形式等，都做了详细的规定，尤其对司法审判加强了制约，从而推动了司法文明的发展。

①为防止审判中的吏奸之弊，强调鞫狱必须"长吏躬亲"，如"州县官不亲听囚而使吏鞫讯者，徒二年"。

②为防止审判中陷人于罪，强调据状勘鞫，"无得于状外求罪"。

③为防止官员在审判中"偏听独任之失"，从中央到地方建立了"鞫谳分司"制度，即审理与判决分司负责，各司其局，互不通同。为此"重立赏格，许人告首"。

④为使审判中情得其实，法当其罪，加强了对刑讯的限制。对免用刑讯的对象、使用刑讯的条件、刑具规格及刑讯必申长吏等，都做了严格规定：违者"以违制私坐"徒二年；长吏如违，"当重行朝典"；因掠囚致死者，"悉以私罪论"。

⑤为防止审判中的差误，建立了"录问"制度，即在审理结案后，检法议刑之前，对徒罪以上案犯，再别差官提审录问，"如录问翻变……即别差官推勘"。

⑥为正确使用法律，建立了专门检法机构，即在案件审结后，由检法司根据案情将有关法条检出，为长官定罪议刑提供法律依据，同时也把长官的判决权限制在一定法律范围之内。

⑦为防止长吏专断，建立了"聚录"和"签押"制度，即对大辟重案的判决，须先由长吏、通判、幕职官集体"聚录"，然后再"以次经由通判、职官签押"，能够有效发挥集体智慧、辨正冤狱，加强官员共同责任、防止长官个人专断，推动公正判决。

⑧为纠正审判中的冤假错案，建立了复审别推制度，即对初审中的翻异或称冤者，则"白长吏移司推鞫"。对不服判决的上诉案件，则由上级司法机关"差

官别推"。如经复审仍然翻异，则"别推然后移推"。这是宋朝审判中防止冤案和平反冤狱的主要形式。

⑨宋朝司法审判中约束机制的加强，对防止官吏司法权滥用和"刑狱枉滥"，具有积极作用。

（二）提高了物证在审判中的地位

中国封建司法审判中，历来把口供作为定罪判刑的主要依据，而司法官吏为了获取口供，无不采用刑讯逼供的方法，造成刑狱枉滥。宋朝的司法审判中不可能完全杜绝这种传统劣习，但其审判中广泛使用物证，则是宋朝司法迈向文明的重要标志。

自宋初确定"众证定罪"原则之后，物证在审判中的地位得到明显提高。宋朝的物证包括书证和实物证据两种。

书证主要指各类契约、遗嘱、收据、订婚帖、证人陈述笔录、书铺的鉴定报告及官府的图册、账籍、户籍等。这些书证是宋朝民事争讼中判断是非曲直的重要依据。

实物证据主要指犯罪工具、犯罪中留下的物品、痕迹及赃物等。《宋刑统》中明确规定："若赃状露验，理不可疑，虽不承引，即据状断之。"因此，宋朝在审判中非常重视物证的查取和运用。即使犯罪者已经招认，也必须查取证物以验口供之虚实。如果推勘盗窃案不能查出窝藏赃物和停留地点，司法官要受徒两年的处罚。为正确发挥物证的作用，亦重视对物证真伪的辨验，这是历朝不多见的。

宋朝司法审判中对刑讯的限制和对物证的广泛使用，是司法文明的重要表现。

第六节　元朝法律文化的二元制

13 至 14 世纪蒙古族统治者建立的元王朝是中国封建社会进一步发展的重要阶段，又是我国民族文化第二次大融合时期。它在"北逾阴山，西极流沙，东尽辽左，南越海表"的辽阔领域，形成了一个规模空前的、统一的、多民族的国家。作为中国历史上第一个由少数民族建立的、统一的封建集权国家，它不仅统一了包括西藏、云南和台湾在内的中国版图，结束了长达几个世纪的分裂割据局面，而且统治地域辽远，涵盖诸多文明，是一个多民族、多种族、多文明的共同体，在中国历史乃至世界历史上都具有特别重要的地位。在中国古代统一王朝的思想体系中，元朝时期的法律制度及思想都可以称得上是最具特色的，无论就其法的思想观念、法律制度的制定、法典的编纂、法律文书的表达，还是司法机构的设置等，都有元朝独具特色之处。

一、元朝法律文化的渊源

任何社会在管理过程中表现为法的现象，归根结底都属于该社会的文化现象之一。一个民族、一个国家、一个社会的法律文化，一定是在那个民族、那个国家、那个社会固有的文化土壤中生成并成长起来的，受到该社会的思维方式及其行为模式的影响。因此，要想了解元朝法律文化及其特征，首先有必要对元朝法律文化的渊源及历史脉络做一个初步的梳理。

从历史上看，蒙古高原不仅是人类重要的发祥地，而且是亚洲北方诸多游牧民族的重要历史舞台。蒙古作为一个民族共同体登上历史舞台之前，在北方草原上曾经先后出现过匈奴、东胡、乌桓、鲜卑、柔然、突厥、回纥、契丹和女真等诸多部落和部落联盟。他们从春秋战国时期以来在蒙古高原及周边广袤的区域繁衍生息，从事着游牧和狩猎为主的生产生活。他们在聚散离合的历史进程中逐渐形成了突厥系、蒙古系、通古斯系诸民族。这些部落、民族尤其是突厥语族部落在蒙古高原上的活动对蒙古历史的形成发展产生了深远而巨大的影响。从法制史的研究视角来审视，这些历史上的民族部落或政权的制度传统，大部分内容和形式对后来居上的蒙古民族所继承。而制度的继承性主要体现在政权系统的建构模式、政治制度、官职制度、法律制度、司法制度以及风俗习惯、宗教信仰等方面。古代蒙古法制的产生、发展及演变，与上述游牧民族制度文化传统一脉相承，它们成为蒙古法的主要历史渊源和形式渊源。这一时期被称为习惯法时期或"约孙"时期，"约孙"在蒙古早期的社会规范方面起着非常重要的作用，其中，有些内容随着古代蒙古社会经济的发展和国家的建立，成为蒙古大汗立法的参照依据。另一部分内容虽然没有演变成国家的具体法律条文或律例，但它们与国家颁布的成文法具有同样的社会调节功能，在社会意识形态领域占据着与法律条文同样重要的地位。

元朝的前身系大蒙古国，因此，在文化传承关系上是一脉相承的，大蒙古国时期法文化中有生命力的内容自然延续到元朝继续发生效力。元朝的政治文化即源于蒙古人的古老传统——诞生于草原游牧文化背景之下的贵族民主制，法文化的基础则以纯朴自然的蒙古法文化为基调，带有浓郁的北方民族习惯法特征。进入中原以后，蒙古法与中原传统法文化碰撞、冲突、相互协调，共同经历了中国历史的变迁、时代的移易，在中华法制文明史上留下了独特而绚丽的篇章。

公元 12 世纪末 13 世纪初，以成吉思汗家族为首的蒙古族统治集团崛起在漠北草原，不仅建立起了大蒙古国，而且继续南下和西征，先后并西夏、灭金朝、亡南宋，在广袤的疆域内建立起统一多民族的元朝政权。而凭借军事扩张走出漠北草原的蒙古人，其所管辖地域之广阔、民族之众多、习俗之多元，决定了它在文化上是一个具有开放性的民族。大蒙古国建立前期，蒙古人的西征和南下是他们在较大范围内直接接触中原文化的开端。1215 年，成吉思汗攻占金中都，以"治天下匠"自居的契丹人耶律楚材归附，逐渐以中原儒家传统思想影响蒙古统治者，为蒙古人日后二元法文化思想的确立起到了重要的推动作用。到元太宗窝阔台汗统治时期，蒙古法与中原汉法已经在较大范围内进行接触，有了比较密切的联系。蒙古法对汉法的部分容纳，意味着作为吸收主体的蒙古法无论是否愿意，只要它涉足中原并企图统治中原，就必须容许自身做出部分让步，接受汉法对它的局部渗透，这是一种历史的必然。而汉法在这里不仅仅是指汉地的法律，它应包括由"法"贯穿其中的传统中原政治体制、经济制度及文化模式等。

大蒙古国在窝阔台汗时期对中原进行了初步统治，而真正全面经略中原，是在蒙哥汗即位时，正式委派其弟忽必烈总领"漠南汉地军国庶事"。自此，忽必烈专心经营中原，较为全面地接触到汉地传统的典章、制度、思想、文化，为蒙古族日后仿效契丹王朝的南北两院权力结构，建立起二元法文化体系奠定了基础。

二、元朝法律文化的二元性特征

如上所述，元朝的建立与中国历史上的其他封建王朝不同，它的文化构成并非来自同一个文化渊源，其古老的文化根基在遥远的漠北草原而不是中原。它植根于中国北方草原游牧民族——以蒙古族为主体的"游牧文化"土壤之中，并逐步形成了自己独特的法文化——蒙古法文化。这是与同时代"中原传统法文化"相去甚远的一种法文化模式，当它的触角深入中原腹地，两种法文化的主流便开始汇合到一处，相互渗透、并行不悖，形成了具有二元特色的元朝法律文化及其制度。其主要表现在以下几个方面。

（一）法律机构的设置具有二元性

法律机构是指与法律规范的制定、审查、监督以及与法律规范的贯彻执行密切相关的国家行政、司法等部门。中原地区传统的法律机构自隋唐时期就已经形成了较为完备的体系。唐朝时期中央设有大理寺、刑部、御史台三大司法机构，三个部门分工协作。大理寺掌刑狱，属司法实践部门，为国家最高审判机关；刑部掌刑政，为国家司法行政机关；御史台是国家最高监察机关。后世大都沿袭这种"三司"机构的设置。元朝则不然，元中央虽然也设置刑部、大宗正府和御史台三大机构，但是除了御史台职能基本同于唐朝以外，刑部与大宗正府的职能与前朝不同，两者是对等的最高审判机构，按民族区别，分割了大理寺的最高审判权。

元朝的"大宗正府"制度是起源于大蒙古国时期的"札鲁忽赤"制度。大蒙古国建立之初，首任"也可札鲁忽赤"的是成吉思汗的义弟失吉忽秃忽。成吉思汗曾命令他"如今初定了普百姓，你与我做耳目。但凡你的言语，任谁不许违了。如有盗贼诈伪的事，你惩戒着，可杀的杀，可罚的罚。百姓每分家财的事，你科断着。凡断了的事，写在《青册》上，以后不许诸人更改"，体现了其司法、行政合为一体的大蒙古国政治法律制度的特点。进入中原，元朝政权建立以后，这一制度便依托在汉地传统的大宗正府之下，并继续其作用。至元元年，"中书省奏准，世祖时立大宗正府"。

元朝大宗正府，秩从一品，正官札鲁花赤，至元二年，置十员。以后逐渐增多，到泰定元年扩置至四十二员。它既不同于唐、宋及金朝的大理寺，也不同于"掌皇族之事务"的中原封建王朝传统的大宗正府，而是与刑部对等的最高审判机构，掌管"凡诸王驸马投下蒙古、色目人等，应犯一切公事，及汉人奸盗诈伪、蛊毒厌魅、诱掠逃驱、轻重罪囚，及边远出征官吏、每岁从驾分司上都存留住冬诸事，悉掌之"，属于国家司法、行政、监察诸职合一的体制，执掌的范围相当宽泛。

大宗正府的管辖范围也曾发生过一些变化，至元二十二年，"兼管汉人罪过"。至皇庆元年，汉人刑名归刑部。从总的趋势上看，大宗正府的管辖范围，由最初的仅对蒙古王公贵族发展到对两都地区蒙古人及怯薛军、色目人与汉人之间发生的案件的管辖。元朝大宗正府与传统汉制的刑部一直处在司法权力上的互相变动过程中。而其职能上的重合部分常常导致双方在权力上出现侵夺与被侵夺的现象，并且大宗正府通常是凌驾于刑部之上的。这与统治者的主导思想——保护蒙古贵族的利益和在朝廷中有意设置权力制衡的指导思想有关。大宗正府的管辖范围及与刑部之间的职权相互消长的过程，不仅表明了元朝法律机构设置的二元性，而且体现了蒙古至上的民族不平等关系。

（二）法律规范的内容具有二元性

蒙古统治者在建立元王朝之后，其法律规范的内容发生了重大变化，来自相异法文化背景下的法律规范内容或融合、或并行于同一法典之中，这是在前代统一的律典当中所不曾有过的现象。众所周知，1264 年忽必烈建立元王朝之后，虽然《成吉思汗法典》仍然作为调整蒙古人内部法律关系的唯一依据发挥着作用，但是，中原广大汉地的法律，必须适应汉地人们熟悉的法律制度，这也是蒙古统治者维护其中原地区统治地位的客观需要。因此，元朝统治者既吸取中原王朝的法律内容，又大量结合本朝实际情况进行变异，在法制建设上不拘泥于过多的条框限制，而是根据具体情况制定和实施了多样化的法律制度和条例。

元朝建立之初，由于创建一代新制必然需要参照前代旧制，加之元初所任用的汉臣多为熟悉中原传统典章制度的人，因此，各方面均试图以金朝为样板，不仅在政治制度上明显受其影响，法律制度也自然沿用金朝成律，尤其当处理中原汉地发生的刑事、民事案件时，主要依据金律断案科刑，并以此作为蒙古法的补充，直至至元八年。其中也包括刑事法律、行政法和民事法律诸方面。

在前代法律规范的基础上，再附会具有蒙古法文化特征的内容。例如，笞、杖刑本为中原传统刑法中的一般体刑，决罚位数通常是以十位整数结尾。而元朝的规定与前代截然不同，其根据蒙古人的传统法文化观念，规定尾数为"七"。"元世祖定天下之刑，笞、杖、徒、流、绞五等。笞权罪既定，曰：'天饶他一下，地饶他一下，我饶他一下'。"而且，坚持重刑从轻原则，宽刑慎法，刑罚有度，沿袭了游牧民族法律宽容的法文化意识。这是中国历代封建王朝中未曾有过的。"其得在仁厚，其失在乎缓弛而不知检也。"到了元朝中期，二元法文化形态逐渐成熟，颁布了法典《大元通制》及判例汇编《元典章》。虽然元世祖时期也颁行过《至元新格》，但内容仅涉及行政、民事及诉讼领域内的几个方面，所涉及的范围有限，与中统及至元前期所颁行的条格、法令、条画应属于同一性质，不具有中国传统意义上的法典的性质。

《大元通制》以条格、断例和诏敕等部分为主体，不同于中华传统律典中的抽象的成文律条，并具有相对的稳定性。其断例部分，有些源于蒙古皇帝的圣旨字画，也有来自中书省、御史台、大宗正府"也可札鲁忽赤"共同制定的早期断例。法律的实体内容也有差别，它并非完全来自前代旧律，有些来自大蒙古国传统蒙古法。例如，元朝法律规定对同一管辖范围内人民权利的保护有着根本的区别，对蒙古人的犯罪行为采取了一定的保护措施。在元朝法文化里，蒙古法和中原传统法文化之间的相互渗透，有时是在不知不觉中发生的，有时甚至将二者主动捏合在一处。《元典章》规定，重大刑名、案卷应由大宗政府和御史台分别立案，以便进行有效的监督和管理，避免在司法审判中因使用了不同的语言文字而影响御史台监察发挥职能。

《元典章》与《大元通制》几乎同时颁行，是元朝中期以前法令文书的分类汇编。虽然其编排体例仿效了《唐六典》，但也只是形式上而已，内容与唐朝官修的《唐六典》大不相同。它的内容带有鲜明的二元法文化特点。

元朝法律一方面"附会汉法"，充分吸收中原历代王朝的政治法律制度；另一方面坚持"祖述变通"，尽可能地保留蒙古旧制，形成了以蒙汉统治阶级联合意志为核心，用民族压迫掩盖阶级压迫为实质，以蒙汉传统法文化为主干的、南北异制、数种法律并行不悖、具有独特内涵的法律文化，是中国法律文明史不可或缺的重要组成部分。

（三）法律规范的表现形式具有二元性

元朝时不仅在法律机构的设置、法律内容的编纂上具有鲜明的二元性特征，而且法律规范的表现形式也具有二元性。法律规范的结构、法典的构成不再是单纯的律条结构，而是结合了断例、条格及皇帝的诏敕、令类等为一体的法典结构特征。其中，最明显的变化是，没有称之为"律"的规范形式，而是以断例和条格的规范形式共同成为法典的两大主干部分，法律形式明显表现出二元结构特征。

在漠北草原从事着游牧狩猎生产生活的蒙古民族，由于受蒙古社会传统习惯法的影响，在立法技术方面形成了简易质朴的固定风格，入元以后，"法尚宽简"的立法指导思想和崇尚轻典的观念依然影响着蒙古贵族，统治者在适应新的形势而立法时，常常囿于固有的传统思维方式，推崇简约宽缓的法律内容，不追求繁杂严苛的法律形式。例如，《大元通制》以制诏和条格为其主体部分，每一条诏令都有较强的针对性，在解决相关问题时，并不主要依赖既定的，精致、完整的大规模的规范。元代法律的基本形式不以编制精致的法典为基础，而是注重实用、分散的特点，体现了元代法文化中的蒙古法特点。

元朝法典在篇目上与汉法相似，具有中原传统法文化因素的特点，但不失其蒙古法的有关内容。据《元史·刑法志》记载，元朝法律的篇目有 21 篇，与唐律的 12 篇在篇目上大体相似，多出来的部分只是把唐律中的一些篇目下的内容分出来单独规定而已。以篇目的方式给法律分类，采纳了汉法的技术，篇目的安排不全用汉法，增加了体现蒙古法文化特点的篇目，使两种法文化得到了融合。

其法律用语具有独特性，不仅有口语化的特点，也有硬译蒙语的痕迹。元朝法律规范的表达方式在中国法制史上是最具特色的，蒙古人入主中原以后，将原有的语言、文化、习惯也随之带入中原，形成了一个与汉地文明体系同时并存的另一套文化体系。因而法律规范的表述也同时并存两套相异的结构，呈现为表达方式的二元性特色。一为中原传统文化中的书面语言表达方式，其特点是简练规范、明白易懂；另一为传统蒙古文化的书面语体，来自蒙古法在漠北大蒙古国时期的规范性表述，对蒙古人来说也是简洁、明了的表达方式。元朝时期时常对那些原本蒙古语的公牍文件，按照蒙古语的词法、句法规则将其直译成汉语颁布。据史料考证，元朝时期法律规范中的蒙古语硬译公牍与规范的汉语公牍均通行于各级法律文书的传递程序当中，并且，法律技术的二元性普遍存在于立法及司法程序的各个环节。

　　总之，元朝在附会汉法、祖述变通的历史进程中，既没有允许中原法文化先入为主，被搬来套用，也没有始终保持蒙古法文化的一枝独秀，而是二者之间实行了有限度的相互容纳与让步，可以称之为法文化的"双向容纳让步关系"，呈现出鲜明的二元法文化特征。元朝法律制度的特点是，将"祖述"和"变通"紧密结合，其法制主要受中原传统法系影响，但又留有浓郁草原游牧气息的蒙古习惯法遗痕。这种与他族交融而不失原有特色的文化现象，正是一个民族内部及中华民族凝聚力经久不衰之重要原因。

第七节　明清时期中国传统法律文化的"西化"

　　中西法律文化迄今未曾间断的交流始于 16 世纪西洋传教士来华。然而基于种种复杂的原因，他们在向中国传播西方法律文化方面所做的贡献，不仅与其反向的情形不成比例，也无法与 19 世纪来华的新教传教士相媲美。

　　明清时期是我国封建社会的晚期。在这时期，民事法律内容又有了一些新的变化。在田宅等私有财产的所有权方面，明朝不实行均田制，因此明律中设有"占田过限"的条款，"田多田少一听民自为而已"，注重田粮的欺隐、诡寄及田土的换段、挪移等罪。这既保障了田宅等私有财产的正常交易，也在法律上确立了这些私有财产神圣不可侵犯的地位。巩固了封建社会后期的经济基础。关于婚姻家庭方面，明朝的《大明律·户律·婚姻》的规定基本同唐代相同，但又有较大变化：一是注重婚姻写立婚书的自愿，如"凡男女定婚之初若有疾残、老幼、庶出、过房、乞养者，务要两家明白通知，各从所愿"；二是为亲民官、豪势之人的婚娶设专条约束，增加了"娶部民妇女为妻妾""强占良家妻女"

等条款。由于借鉴了西方法律文化，因此，明清时期的中国传统法律文化与前朝相关的法律规定对比，又有了很大的进步。

一、明朝法律文化的"西化"

（一）立法研究

张晋藩等认为，基于西方法律文化的明朝的立法解释具有两个显著特点：首先，从律文字面含义进行严格解释，极少做推理或评论方面的引申解释；其次，明律制定者着重解释法律适用方面的具体问题，极少进行历史沿革或目的方面的广义的解释。刘广安研究了明朝的皇权与立法，认为明朝立法权的行使采取的是朝廷立法与地方立法相配合的方法，这从某种程度上推动了明朝法律体系的改革。

（二）刑事法律

由于东西方地理环境、历史传统的不同，进入阶级社会的时间不同，法律在起源与发展道路上也有很多差异。中国古代法起源于部族之间的征伐。根据我国法制史研究证明，我国古代法主要是刑，如禹刑、汤刑、吕刑等。当时所谓的刑比现在的刑含义更狭窄，专指肉刑、死刑，是杀害人生命、肢解人肢体的一种暴力手段。然而，随着人类文明的发展，中西方刑事法律文化体系进一步完善，相互之间的影响更加明显。

西方刑事古典学派关于刑事法律有三个基本观点：一是提出并坚持罪刑法定主义，即法无明文规定不为罪，法无明文规定不处罚，进而引申出禁止类推和扩张解释、禁止法律溯及既往；二是对封建专制下的过度刑罚持有异议，提出罪责刑应当相适应，即法律面前人人平等，罪刑相当；三是主张刑罚人道主义，从资本主义博爱观出发，提出废除死刑、肉刑，反对酷刑，建立以自由刑为中心的刑罚体系。古典学派承认法官自由裁量权，认为惩罚对社会秩序的保护有益而且必要。贝卡利亚的《论犯罪与刑罚》被认为是吹响了刑事古典学派的号角，而1789年的法国《人权宣言》则是反映古典学派思想的政治宣言。刑事古典学派的代表人物有意大利的贝卡利亚、英国的边沁、德国的康德与黑格尔。

在与西方国家的交流过程中，明朝刑事法律体系也逐渐摆脱了传统法律文化的影响，以《中国刑法史稿》为例，其讲述了明朝对宦官犯罪的处罚实行宽纵的政策，一般予以行政处分，刑罚一般有体刑、赎刑、罚没财产入官和死刑。对于"明六赃"，其量刑较"唐六赃"更重，特别是突出了对官吏犯赃罪的处罚。

（三）民事法律

法律肯定了明朝权力集团强制占领土地和奴仆的权利，并在大肆封王的过程中未对这一权利进行有效监管，这与明朝早期民事法律体系的缺失有着较为直接的关系。

随着底层民众不满情绪的日益高涨，以及权力集团中既得利益者为了保护其已经获取的田地等资源，明朝政府开始完善民事法律体系，在不追溯既往违法行为的情况下，严厉约束相关违法行为，自此，明朝中后期的民事法律文化才真正得以形成，其中最具有代表性的就是明朝的黄册制度。

对于明代的黄册制度，韦庆远运用翔实的史料，对黄册制度的形成、内容、作用、管理及其瓦解进行了系统的阐述和研究。郭成伟等对新发现的清朝城市管理法规进行了全面分析和研究，对城市管理法规的编纂形式、性质、作用进行了论述。

（四）司法制度

怀效锋对明代司法中的皇权进行了考察和论述。其以嘉靖一朝为标本全面研究了明中叶的司法状况并指出，明世宗用专制权力破坏了传统法制，使法制职能由阶级专制转为个人独裁，从调节统治者矛盾到镇压异己，使社会矛盾加剧。高春平从个案着手分析这个时期的司法状况。萧平汉运用新资料，从侧面反映明末司法制度的弊端。

明朝中央正式的司法机关是刑部、大理寺、都察院。合称"三法司"。明朝中央三大司法机关的组织形式虽然与唐宋基本相同（只改御史台为都察院），但各自的具体分工有所变化。

1. 刑部

刑部专司审判之职，受理地方上诉案件，以及京师地区和中央百官的案件。

2. 大理寺

大理寺掌复核，凡刑部所审案件，都须将案卷连同罪犯移送大理寺复核。

3. 都察院

都察院又称"风宪衙门"，掌纠察，有权对官吏的违法失礼行为进行纠察弹劾。

由此可以看出，明朝法律文化中的司法制度体系更加完善，这在形式上与西方司法制度体系有着异曲同工之处。

二、清朝法律文化的"西化"

19世纪70年代，洋务运动并没有带来人们所期望的结果，社会仍然处于一片危机当中。然而，经过一段时间的观察之后，越来越多的有识人士意识到了制度的变革才是西方社会保持发展的根本原因，我国的政体不足，不是因为我国的建筑武器不行，而是因为在法制方面存在的问题较大。于是，清末时期的一部分有识之士开始意识到了变法的重要性，纷纷提出师学西方的"君民共主""上下一心"的基本主张。因此，西方国家的民主思想才正式开始传入中国。这一变化使人们开始接触西方法律文化。然而，清政府在经历了第二次鸦片战争的失败后，遭受了致命一击，与此同时，国人已深刻地认识到了亡国灭族的危机，国人民族意识逐渐觉醒，由此，出现了更多要求从政治法律体系上进行变法维新的声音。在维新派先进人士的坚持下，清政府随后颁布了《定国是诏》，意图变法实行君主立宪制。康有为、梁启超等进步有识人士组织学会、办报刊宣传变法、鼓吹民权学说。然而，民主、民权、立宪等这些新时代词语已被家喻户晓，渐渐占据了人们的思想观念。因此，中国"立宪"既是时势所迫，也是当时社会所需。它的出现不仅响应了社会的号召，更被人们认为是可以解救当时社会危机的良方。

在早期阶段，传教士是在中国将西方法学进行传播的主体，清末时期的中国存在大批量的传教士，其进行传教、兴学、出版有关西方法律制度的书籍。1905年，我国创设了第一个法律学堂——直隶法政学堂，其是由沈家本主持并设立的。之后中国的法学学堂逐渐增多，除了直隶法政学堂外，还涌现出北洋法政学堂等，为培养我国优秀法学人才奠定了良好基础。法学教育的发展，使法学的教育地位得到提升，使人们对法学的观点得到更新，有效促进了西学东渐的发展。

（一）清末法制"西化"的内容

1. 制定《大清现行刑律》

1902年清廷下令对自乾隆以来的《大清律例》进行删节和修改，以制定新的刑律。经过几年的修改，清廷于1910年颁布了《大清现行刑律》，作为一部过渡性法典，这部新刑律的先进性主要表现在以下几点：

①删减繁节。新刑律一共有三十篇、三百八十九条，相比旧刑律减少了四十七条。

②删掉民事内容。新刑律中关于婚姻、分产、继承、田宅、钱债等纯属民事性质的条款不再科刑，以示民刑有别。

③废除了一些相当残酷的刑罚，改笞杖为罚金，改充军为遣刑、流刑，改虚拟死罪为徒、流等五刑。

④该律满汉通行，不管是旗人还是汉人，只要犯了同样的罪，都会被处以同样的刑罚。

⑤将禁止同姓逼婚、良贱同婚等不合时宜的规定删除，增加了一些新的罪名，比如妨害国交罪等。

2. 制定《大清新刑律》

《大清新刑律》是中国历史上第一部刑法典，其具有的独立性、半殖民地半封建性质，是中国首部近代意义上的专门刑法典。《大清新刑律》在 1911 年公布于众，计划宣统五年正式实施。

3. 民事立法上的变革

《大清民律草案》是中国历史上第一部专门的民法草案，共五编，三十六章，一千五百六十九条，但仅仅停留在草案阶段并未正式实施。其采取的是德国的法典体系，确立了法理在民事法律中的地位。该草案内容分为总则、债、物权、亲属、继承五编。

4. 司法制度上的变革

清朝前期，国家行政司法是合二为一的，行政监理司法。之后，随着西方国家的法律制度和思想的侵入，清政府意识到西方各国的宪政运用得如此井然有序，都是因为其司法权是独立的。于是，清政府先后草拟了《各级审判厅试办章程草案》《法院编制法》，并且改刑部为法部，掌管全国司法行政事务，改大理寺为大理院，建立一个专司审判。同时设立地方高级审判庭、地方审判庭、低级审判庭，这些司法体制为中华民国时期的司法制度奠定了基础。

（二）清末法制变革的历史意义

文化的发展始终是从低级往高级发展的，现代文化与传统文化相比，肯定更具有合理、科学、先进性。19 世纪中叶后，随着西方列强的入侵，西方现代文化不断对中国社会产生影响，然而这些影响并没有怎么动摇传统文化的地位，特别是法律文化的影响。但清末法制的变革却实现了传统法律文化向现代法律文化的转变，促进现代先进的法律文化、法律思想得到广泛传播，日渐被人们所接受，进而成为现代的主流法律文化，使中国的法治文化同世界的法律文化逐渐一致，有利于推进中国法治现代化进程。清末法制变革为之后的民国法律发展奠定了基础，对至今的法律文化有着深远的影响。清末法制变革之前，中国一直处于封闭古老的状态，没有接受过外来文化的影响，不了解外国文化的精髓。而法制变革改变了人们的思维方式，使国人意识到西方的法制文化和制度值得我们去学习借鉴。这种转变意识无疑具有极大的积极作用，使得清末法制开创了先例，首次吸取采纳西方法律文化，为以后的法制发展提供了借鉴和引导。

第四章 中国传统法律文化现代化的必要性及路径

现代化是一个国家、民族或地区追赶其他更先进国家、民族或地区的历史过程，目的是实现本国家、民族或地区在经济、政治、文化和社会建设等方面的发展。中国的法律文化有着悠久的历史，但随着时代的发展和中国社会条件的不断发展变化，中国传统的法律文化暴露出了一些与现代社会发展不相适应的因素。在当今社会的背景下，我们的法律文化应该如何去发展是一个非常重要的问题，法律文化现代化作为文化现代化重要的组成部分之一，对国家、社会的和谐、有序、健康发展是非常有意义的。法律文化现代化一定要以我国的具体国情为基本出发点，在发扬传统法律文化中的积极因素的同时，也要摒弃传统法律文化中影响和制约社会发展的消极因素，而且还要向西方的法律文化学习和借鉴，这种借鉴也是有选择的借鉴，这样才能建立起适合我国发展的、具有中国特色的社会主义法律文化。中国传统法律文化现代化是一项重要而又迫切的任务，它关系着我国经济和社会的繁荣发展。本章通过对中国传统法律文化的辩证分析，探索中国传统法律文化现代化的路径，使其更好地为我国的稳定、繁荣与发展服务。

第一节 中国传统法律文化现代化的背景

法律文化现代化有三种不同的类型，这三种不同的类型又各自有着自身的特点。以英美等国家的法律文化为代表的西方社会的法律文化，其现代化是社会发展过程中由于自身的因素而发生转变的，也就是内发型；而绝大多数发展中国家的法律文化现代化不是因为自己的因素而转变的，这些国家的法律文化现代化是在受到外部法律文化的冲击之后开始的，也就是外发型；而我国法律文化的现代化发展则是由于历史环境和条件的影响，既有经济社会发展过程内生的因素，也有西方法律文化的影响，所以说我国的法律文化现代化是混合型的。

一、西方法律文化的冲击

鸦片战争之前，中国社会是一个具有独立主权的国家，封建统治者长期控制着中国社会的政治权利。在完全的封建社会中，中国的封建统治者长期信奉并践行闭关锁国的政策，这使得中国的传统法律文化一直是一个自我完善的发展过程，而没有受到外来法律文化的影响和冲击。在这样的历史背景下，中国形成了以儒家思想为中心的具有自己特点的文化，这种文化深深地打上了中国的烙印，却也深刻地影响了整个世界的文化与发展。中国人自我陶醉在自己编织的美丽梦幻中，"天朝上国"的思想在闭关锁国后更是泛滥成灾，却看不到外面的世界已经发生了翻天覆地的变化。中国人一面骄傲于礼仪之邦，一面认为其他民族都是落后的民族，认为他们的文化都是落后的文化。因而，中国社会的生产力发展缓慢，中国社会发展的生命力消失殆尽。

当西方的坚船利炮打开了中国封闭的大门，伴随着西方工商业文明崛起后的侵略扩张，我国曾经领先世界的原始的农业文明与西方的工商业文明发生了直接的碰撞，受到了深刻的冲击。从鸦片战争开始到新中国成立，中国社会一直在探索适合中国社会的革命道路，中国的传统文化也经历了转变，从骄傲自满、自我反思、大胆吸收到深刻变革。在此过程中，近现代中国法律的发展到处都带有西方法律文化影响的影子。因此说，西方法律文化的冲击是中国法律文化现代化必不可少的条件之一，这个条件就是中国法律文化现代化的外部条件。

"横看成岭侧成峰，远近高低各不同"，中西方法律文化的冲突，不仅仅是由于两种法律制度的不同造成的，而"不识庐山真面目"的本质则是由于两种完全不同的价值体系，也就是中西方法律文化在强调个人主义与强调家族主义时的内在冲突。唯物主义辩证法认为社会存在决定社会意识，社会意识对社会存在又具有一定的反作用。社会意识对社会存在的反作用的体现就是社会意识的相对独立性。社会意识对社会变革起着引导作用，而这种引导作用往往是超前于社会存在的。社会风云突变、历史跌宕前行，在社会不断向前发展的今天，在全球化这一重要背景下，当代中国法律文化不能封闭僵化、不能故步自封，而要适应社会发展、搏击时代浪潮，充分地利用一切可以利用的积极因素，这样才会对我国的快速发展起到非常巨大的推动和保障作用。

二、中国经济社会变迁的要求

中国法律文化的变革和发展不只是因为受到西方法律文化的冲击，还有自身的内部因素，所以说中国法律文化的发展是内外力共同作用的结果。西方法律文化的冲击这种外部力量必须通过中国社会自己内部的政治、经济和文化环境产生作用。我国的商品经济在清朝末年开始出现并逐步发展，特别是在沿海、沿江等地区，商品经济在社会经济系统中占有非常重要的地位，这为我国的法律变革奠定了一定的物质基础。辛亥革命推翻了统治中国几千年的封建帝制，民国政府的建立为我国法律文化现代化提供了政治环境和基础。新文化运动和五四运动为中国的法律文化现代化吹响了战斗的号角。中国近代社会的深刻变革成为中国法律文化现代化的内部因素。新中国成立后，历史进入了新的篇章，特别是在当前，改革开放已进入攻坚阶段，全社会正为着全面建成小康社会而奋斗，中华民族伟大复兴的历史重任客观上要求我国的法律文化要跟上我们社会发展的脚步，为我国快速稳定的发展在法律方面奠定坚实的基础。因此，建设贯通古今中外的中国特色社会主义的法律文化是我们当前乃至今后一段历史时期重要而又迫切的历史任务。

法律文化作为一种社会意识，它的变化既是社会变化的必然要求，又对社会发展具有巨大的推动作用，它引导着社会的发展与变化。中国传统法律文化的现代化道路不是现在才开始的，它已经经历了一个长期的发展过程，所以说中国法律文化的现代化并不是外发的，是外部因素通过中国自身内部因素所造成的，也就是被大多数人所接受的混合型法律文化发展的道路。明末清初资本主义法律文化的萌芽就已经出现，但是由于当时"大一统""家天下"等儒家法律文化思想的影响，中国法律文化发展非常缓慢，一直在夹缝中成长。这就更证明了中国的法律文化现代化是混合型的法律文化现代化，既有外部环境的影响，又有内部环境的影响，是内外因共同作用的结果，西方法律文化的影响和中国经济社会的发展都是推动中国法律文化现代化的动力。

三、社会主义和谐社会建设的前提

法律文化不单单是一个法律问题，同时也是一个文化问题。无论是美国学者弗里德曼法律文化概念的首次提出，还是中国近代的"礼法之争"，都说明法律是从文化中、特别是从传统文化中汲取营养的，形成了不同法律内容、特点的"法系"。无论是大陆法系还是英美法系，都处处体现着文化内涵，中国法律文化更是蕴含着几千年的传统文化。但是从以上我国近代法律发展的路径中可以看出，中国的近现代法律几乎都来自对外国法律的移植。正如贺卫方所言，我们的表层制度都是西方化的，但是我们骨子里的运作过程、所遵循的一些准则、自觉不自觉所采取的一些方法，还都是我们两千年来所一直采取的方法，这就是传统的力量。因此不可避免的，隐藏于外国法律背后的法律文化就会同中国土生土长的本土法律文化产生对抗，从而导致这些因移植而来的法律无法得到实际有效的实施。在中国特色社会主义法律体系刚刚形成的阶段，中国特色社会主义法律文化还是一个新概念，中国特色社会主义法律文化的研究是一项新课题，进行尝试性的研究和探讨，有利于中国特色社会主义法律文化理论的不断总结、提炼和积淀，有利于丰富中国特色社会主义文化理论，有利于中国特色社会主义法律体系的构建。

建设中国特色的社会主义法律文化，有利于中国特色社会主义法律心理、法律意识、法律思想等文化层面的法律文化发展，有利于逐步培养公民法律至上的法律观，有效解决现实生活中的法律规避问题，使得法律得以切实有效地执行，有利于推进我国的法治现代化进程。

第二节　中国传统法律文化现代化的必要性

作为现代化的重要内容之一的文化现代化，要求我们要以本国、本地区或本民族实际情况为出发点，对传统文化进行扬弃，符合世界的发展趋势和潮流走向，而不是全盘西化。背弃了传统的现代化是殖民地或半殖民地化，而背向现代化的传统则是自取灭亡的传统。所以说这个过程是千万不可忽视的，具有非凡的价值和意义，引领指导着社会主义法律文化建设和繁荣发展，是实现文化大繁荣、保持经济社会稳定、和谐、健康发展的重要课题。

一、中国传统法律文化现代化的必要性

（一）抵制西方国家鼓吹文化同质化的必然要求

在世界不断的变化中，忽视地域差别的趋势越来越明显，全球化又体现在社会中的多个方面。经济全球化是西方国家主导的，是指在经济发展中，各种关于经济发展的生产要素超越国界，在全球范围内流动。经济全球化使各国经济的发展不再是独立的，换句话说就是世界各国经济的发展都是相互依存的。

西方国家是如何推行文化同质化的呢？

1. 掌控话语权

所谓话语权就是指人们说话的权利，从更深的角度可以理解为控制舆论的

能力。"话语权"最早是由西方学者福柯提出来的，他认为西方国家如今正是利用这种新型的武器来达到其真正的目的，各国依靠着国家自身多方面的优势，通过经济贸易往来、互相之间的合作及其他领域内的沟通，在文化产业的发展过程中，向非西方国家灌输带有西方国家意识形态的知识文化，以便西方国家能更好地控制其在世界范围内的话语权，进一步地影响和控制其他国家和民族的精神和思想，企图用西方资本主义国家的价值观来代替其他国家和民族的声音。

2. 推广消费至上意识

跨国公司是经济全球化的最大表现，在经济全球化发展日益迅速的今天，西方国家正是利用跨国公司来变相地向其他国家推广消费至上的意识。这种意识的传播使西方国家的价值观念和生活方式被这些国家的消费者践行并广为认可和流传，这也就达到了西方国家传播自己意识形态的最终目的。

3. 操纵媒介霸权

操纵媒介是进行文化宣传和发展的重要手段。西方国家操控了多种不同的大众传媒方式，通过控制这些传媒形式的手段来传播和推行他们的主流价值理念及文化信仰，并让受众国深信不疑其正确性和高尚性，从而使其民族和国家文化传统遭到破坏和颠覆，进一步达到推行西方国家文化和价值观的目的。

西方国家的目的一旦实现，便能彻底摧毁广大发展中国家和社会主义国家的民族精神，使其成为西方国家的附庸品。为了不让这类事情发生，我们必须实现我国传统文化的现代化，繁荣本民族文化，建设文化强国。法律文化作为文化的一个重要组成部分，其现代化一定是我国文化现代化道路中必不可少的环节。

（二）确保中华民族文化特质性、认同性的重要保证

我国是有着悠久历史的文明古国，在漫长的发展道路上，文化也随之发展，如同历史地位和经济实力，文化在发展道路上有过强盛时期，也有过衰落时期。明朝末年以前中国的文化发展非常繁荣，并在全球具有深远影响。从明朝末年开始，我国文化发展开始走下坡路。时至今日，一些中国人仍然对传统文化带有忽视态度，他们对传统文化的所有方面都不分青红皂白地大加批判和否定。

虽然时代在不断发展和进步，可是一些人对传统文化的认同呈现出越来越模糊化的倾向。因此，我们必须要实现传统文化的现代化。

（三）马克思主义中国化、大众化、时代化的应有之义

在当今社会飞速发展的时代里，我们必须调动起一切可以借助的积极力量，从本国的国情出发，发挥广大人民的积极性，使中国在发展道路上的选择和遇到的一些其他问题能够得到更好的解决，并在此基础上形成具有中国特色的马克思主义，也就是常说的马克思主义中国化。在我国的发展过程中，伟大领袖毛泽东通过对马克思主义的深刻理解以及对中国具体国情的分析，为适应时代的发展，最早提出要把马克思主义中国化，离开中国特点来谈马克思主义，只是抽象的空洞的马克思主义。这对我们国家的建设和发展是有着巨大历史意义的，我们必须认真地学习和贯彻这种先进的理念，一定要打破常规，使这种先进的思想被大多数人学习和理解，充分发挥和调动广大人民的积极能动性。与此同时，我们还要在大众化的基础上体现时代的特征，就是符合当今的社会环境大背景，具体来说是要适应时代的发展，使其能在当今社会更好地为我们的发展所服务。要想使马克思主义中国化，就必须使其基本原理真正地为我们所用，使其完美地与当今中国结合。这就变相要求我们在今天社会主义发展的道路上一定要结合我国传统文化和当今的时代特点，当然我国法律文化的发展亦必须如此。马克思和恩格斯曾经对此也有过类似阐述。要想发挥马克思主义的最大力量就必须要把其中的普遍真理与中国传统文化相结合，既有形式上的结合，也有内容上的结合，是在继承本民族传统文化基础上的新发展，二者合则两利，离则两伤。所以说中国文化现代化立足我国基本国情是有巨大意义的，作为具有理论指导作用的马克思主义为社会发展、为中国传统文化现代化发展提供了理论依据。

二、中国传统法律文化有些不适应现代社会发展

中国传统法律文化是一种适合中国社会的法律文化，但随着我国体制和社会的变革，特别是步入信息化时代，我们的传统理念和价值观发生了巨大的转变，中国传统法律文化暴露出诸多与当代中国社会发展不适应的方面。

（一）制约法律权威的树立

改革开放多年来，我国的发展进入了一个崭新的阶段。在发展的过程中，广泛的契约行为开始出现。法律肩负着维护社会正义、兼顾效率与公平的重要职能。在中国传统法律文化中，法律与道德是融合在一起的，虽有一定的积极意义，但是这种法律与道德相混合的传统法律文化必然会在很大程度上削弱法律的权威与社会价值，从而更加影响社会主义法治社会的构建。

（二）阻碍中国民主化和法治化进程

中国传统法律文化中包含深厚的人治思想，这种思想严重制约和阻碍了当代社会下我国的社会主义民主化和法治化进程。在当今社会的发展过程中，我们应该转变传统的人治思想，使其向法治转变，这是历史发展的必然趋势，实现法治也是我国社会主义现代化建设重要的基本方针和目标。但是在中国传统文化的发展过程中，人治思想有着数千年的历史，深深影响和制约着中国人，也影响着中国的法治建设，使中国法治建设举步维艰。

（三）影响社会主义和谐社会的构建

"以和为贵"是中国传统法律文化中非常重要的思想，可是在社会不断发展的今天，这种"以和为贵"的思想却与当今和谐社会构建有很大的出入。中国传统法律文化中的"和"是指寻求无讼的观念和状态。长期以来，中国民众因无讼、厌讼心理逐渐养成了忽视权益的习惯和思维，造成了民众权益保障的乏力。

三、中国现代社会发展的必然要求

（一）中国社会主义现代化建设的必然要求

法律文化的现代化是当代国家和民族良好文明形象的标志。实现法律文化现代化是国家和民族获得可持续发展的决定性因素。法律文化现代化的程度越高，就越能在全球自然资源和人才资源的共享和竞争中占有优势。法律文化是文化的一种具体形态，是一个国家或一个民族对法律生活所持有的思想观念、感情模式和行为模式的总和。一个社会法律文化的形成，是不断修正其民族习性和法律传统的过程，也是不断消化、吸收他国和其他民族的法律文化的过程，而当这一过程与现代先进的法律制度的发展方向趋于一致时，我们称之为"法律文化的现代化"。当前，我国正处于社会主义初级阶段，推进我国法律文化现代化有助于完善文化体系，丰富和繁荣我国文化的内涵，从而推动政治和经济的全面发展。

（二）中国社会主义法治国家建设的必然要求

中国传统法律文化是中国过去几千年农业社会的产物，是与人治相适应的。现代社会是工业化的社会，实现社会主义现代化，必然要求建设社会主义法治国家，实现社会主义法治，而法律文化的现代化是构筑法治社会的前提和基础。中国传统法律文化虽然在维护社会政治稳定等方面发挥了积极作用，却也在一定程度上阻碍了我国社会主义法治国家的构建，建设社会主义法治国家，必须摒弃传统法律文化的阻滞因素，理性移植西方法律文化并加以本土化。同时必须进一步深化改革，营造市民社会；公平立法，严格守法，公正司法，树立法律信仰；强化法制教育和普法宣传工作，实现中国法律文化的现代化。

（三）中国传统文化现代化的必然要求

法律文化是传统文化的重要组成部分。实现中国传统文化现代化，吸收世界先进文化的精华，抵制西方国家文化全球化、同质化，确保中华民族文化的特质性、认同性，必然要求摒弃中国传统法律文化中不适应中国现代社会发展的糟粕，结合我国实际，适当吸收、借鉴国外优秀法律文化，实现中国传统法律文化的现代化。

第三节　中国传统法律文化与现代社会发展冲突

中国传统法律文化与现代法治观念的冲突是阻碍社会主义法治国家建设进程的重要因素。本节试图分析中国传统法律文化与现代法治观念的冲突，根据中国现实，协调二者之间的冲突，形成当代中国的法治观念，以期更好地建设社会主义法治国家。

自 19 世纪西方列强凭借坚船利炮打开中国大门之后，中国传统法律文化受到西方法律文化的挑战。新中国成立后，中国传统法律文化再次受到苏联法律文化的影响。改革开放以后，伴随社会主义市场经济的逐步发展，建设社会主义法治国家方略的提出，西方法律法规纷至沓来，法律移植工作阔步前进，然而法律制度的移植并未带来理想的法治，"橘生淮南则为橘，生于淮北则为枳"，原因是多方面的，其中传统法律文化的因素不可忽视。中国传统法律文化历经数千年的发展，已经形成深厚的历史积淀。今天，我们在现实生活中仍能感受到传统法律文化的气息。传统的历时性决定了传统法律文化的传承性。传统法律文化与现代西方的法律文化之间必然存在冲突，其表现是传统法律文化与现代法治观念的冲突。

一、中国传统法律文化中的权力至上与现代法治社会中的有限权力观念的冲突

"事在四方，要在中央。圣人执要，四方来效。"这是秦始皇统一中国以后历代封建君主所奉行的统治原则。"天下之事无大小，皆决于上"，这种专

制集权的统治，使得中国传统法律文化缺乏限权思想。儒家思想虽然要求权力阶层的道德资质，但这只是对权力的道德约束，不是对抗王权不当行使的制度依据。法家强调"以法治国"，主张以法律作为人的行为准则，"以事，遇法则行，不遇法则止"。但是法家在重"法"的同时，还重"势"和"术"。"势"是权势，"术"是权术，都是用以强化君主权力的技术。法只是统治的手段，权力才是决定性的。数千年的专制统治，皇权至上，一人独占立法、行政、司法的权力。"君为臣纲"被夸张为"天理"。各级官僚是对上级官僚负责，不是依法行事。官民关系是命令与服从的被动模式。政治权力决定一切的现实，造就民众对权力的超常膜拜，形成权力至上的法律文化。

现代法治社会中的有限权力观念是指实现权力的制约。权力应该放在一个合适的位置，既可使权力得以发挥，又能划出权力的界限。这是一个权力的合法性问题。权力的来源、行使主体、职权范围、行使程序、法律责任都需法律规定。权力应该受到法律的制约，但是法律可能受到权力的破坏，因此必须形成权力之间的相互制约。以权制权分为横向制约和纵向制约：横向制约是指立法、行政、司法三权分立，相互制约；纵向制约是指中央权力和地方权力的相互制约。权力的法律制约，权力的相互制约，是现代法治社会中的权力观念。

中国传统法律文化中的权力至上与现代法治社会中的有限权力观念的冲突在现实生活中的表现是某些时候存在权大于法的现象。

二、中国传统法律文化中的权利意识缺乏与现代法治社会中的权利本位观念的冲突

中国在迈向阶级社会的过程中，原始的氏族血缘纽带并未被打断，反而为新兴的统治阶级所利用，成为构建国家的基本组织原则。因此，由家而国是国家形成的重要途径。君权、父权、夫权神圣不可侵犯。家庭作为法律主体存在，个人只是附属于家，也附属于国，没有独立的法律地位和个人权利，一切都在"君君""臣臣""父父""子子"的格局中进行。个人利益服从家族利益，家族利益服从国家利益。在这样的背景下，造成了个人主体意识的缺失。中国传统法律文化的核心是礼和法的相互结合。礼是古代中国特有的一种社会文化现象，贯穿于整个中国古代社会。礼原是氏族社会敬神祈福的一种宗教仪式。进入阶级社会以后，作为氏族社会祀神祈福仪式的礼，顺应社会发展的需要，成为一种统治手段。礼的主要作用是确认尊卑贵贱的等级秩序，调整以"亲亲""尊尊"为指导原则的社会关系。《左传》载，"天有十日，人有十等"，因此，人们

之间缺乏平等观念。总之，宗族观念、等级制度造成蕴含自由、平等的主体意识的权利观念的缺乏。

现代法治社会中的权利本位观念主要是指权利本位的意识，是对权利内容、类型及范围的认知和对权利的崇高信念。它可分为财产权观念、自由观念、平等观念、权利义务对等观念以及人们对自由、平等、权利的热情。在权利本位的前提下理解义务的法律规则，当然并不意味只要权利不要义务，只是意味权利的第一性质，义务只能从权利中派生出来，作为权利的相应代价而存在。只有权利存在，才能设定义务。

中国传统法律文化中的权利意识缺乏与现代法治社会中的权利本位观念的冲突折射在现实生活中，即我国公民所享有的许多权利不是民众主动追求的结果，而是政府自上而下通过立法授予的。在市场经济中，私权不够发达。

三、中国传统法律文化中的礼法结合与现代法治社会中的法律主治的冲突

中国传统社会，天理、国法、人情始终有机统一，礼将它们整合在一起。礼以"别"为本，以差等著称；法以"齐"为本，以公平闻世。礼的差等式规范和法的公平性衡量是矛盾的，但又有统一性，因为礼与法不仅同源，而且都以维护等级特权秩序作为目的。由于礼合于法，所以引礼入法，礼法结合。汉初确认儒家思想作为统治思想以后，法律的儒家化开始。随着"准乎礼"的《唐律疏议》的出现，法律儒家化的过程完成。自宋到清朝，礼的作用虽有消长，但统治者从来没有重法轻礼。总之，在中国传统法律文化中，礼制为体，法制为用，出礼入刑，礼法结合。以礼入法，使法律道德化；以法附礼，使道德法律化。中国传统社会牺牲道德自由和道德多元化，以法律的强制作用将道德统一在一元化的框架内，即先是道德一体化，然后法律道德一体化。法律全面推行道德的结果是失去法律的相对独立性。

现代法治社会中的法律主治是指法律的主导性和至上性，即法律成为社会有序化的主导模式，法律具有至高无上的权威。在这种"主治"状态中，一方面是对法律及其权威的认同意识，形成比较成熟的法律至上理论体系，政府运作必须符合法律至上理性，民众法律行为是以法律至上作为指南。另一方面是对法律的忠诚意识、神圣崇尚、巨大热情、高度信任。法律主治要求人们对法律的信任，相信基本权利总会受到法律的保护。

中国传统法律文化中的礼法结合与现代法治社会中的法律主治的冲突在现实生活中的表现是，法律与道德在人们心目中的地位究竟孰重孰轻。

第四节　中国传统法律文化现代化的发展路径

中国传统法律文化经历了数千年的发展历程，为后人留下了丰富的文化遗产。当前中国正在进行着激烈的传统法律体系的现代化革命，然而传统法律文化是数千年的历史文明遗留下来的产物，是历史进程中法律观念的沉淀。所以，在现代法治过程中，必须对中国传统法律文化进行客观的理解，对优秀的成分加以发扬和利用，对阻碍法治现代化的成分坚决摒弃。

近现代中国进行了一系列的以法律移植来实现法治现代化的努力：清末沈家本采用以德日为蓝本的大陆法系进行变法修律；国民政府"造法运动"时采取"全盘西化"的方针制定了"六法全书"；新中国成立后中国共产党按照苏联模式构建了"全盘苏化"的法律体系。但不论是迫于西方文化的强势而被动地卷入现代化，还是主动迎合世界潮流而推进现代化，总体上都是以西方法律范式为框架搭建的。而在现代法律形式之下，人们的观念还停留在传统文化的范围，出现了法律形式与内核的"两层皮"，这就是当今中国法制的现状。要真正实现中国法治现代化，必须消解这种困境，要从培植根本做起，至于立法、司法等技术层面的东西，至多也只是中国法治现代化的外在助推因素，而非内在原动力。

①路径之一：培植现代法律意识。

中国人的法律意识较为早熟和发达。早在先秦时期，就有"天网恢恢，疏而不漏"的观念，认为人的行为时刻都受到以刑罚为强制保障的法网的规制。但在等级宗法社会背景下，人们的法律观念的体现往往是畏官、畏法。中国的传统法律意识先天就带有专制高压的胎记，处处体现着"人治"的特点，表现为权大于法，权力本位而非权利本位。时至今日，中国人的法律意识也远远不适应现代化法治的要求。要培植现代法律意识首先就是要剔除"人治"观念，培育起真正的"法治"观念，形成民主、平等的共识，使人们自觉认同权利观念，保护个人权利不受侵害，同时把不侵害他人权利作为一项基本准则，这才是对正义的最基本诠释，只有从根本上铲除人们思想中几千年来形成的官本位、主奴意识，还原人的平等地位，还原一个独立的"人"的思维，才能实现平等、正义等法治社会的根本原则。

②路径之二：建构中产阶级为主体的市民社会。

要实现法治现代化必须首先明确现代法治的本质特征，即"契约型政治"。虽然契约形式在中国古代早已有之，如物权交换和债权流转及人身买卖等，但中国的契约观念并不发达。中国人观念中的契约还只是个人与个人之间的债权关系的体现，而缺乏政府与公民之间的公权利分享的内涵，这就是所谓的"官有政法，人从私契"。造成中国古代只有私权利契约而没有公权利契约的原因主要是在中国的绝对君主专制政体下，君与臣、国与民之间是主与仆的人身依附关系，根本无契约关系可言。因此，要实现法治现代化必须首先在全社会培植契约精神，而培植契约精神的根本就是要发展市民社会，壮大中产阶级队伍，因为市民社会是产生契约精神的基础。以中产阶级为主体的市民社会与契约精神有着天然的血脉联系，市民社会的培育、发展必将在全社会生长起契约精神的幼芽。靠发展市民社会来激活契约精神，来推进法治现代化，从一定意义上说，是一种必然的选择。

③路径之三：推进法治现代化。

法律制度是法治现代化的外化。归根结底，不管国人的法律意识提高到何种程度，也不管市民社会的契约精神成熟到何种地步，最直接体现法治现代化成果的就是有关法律制度的建设。而法治现代化主要体现在权力的制衡。虽然我国的权力体系不同于西方的"三权分立"的权力制衡结构，但"议行合一"的权力体系所表现出的对权力制约的失效，表明实行必要的分权和制衡是当前发展市场经济的一种必然。立法权、司法权与行政权之间必要的游离和制衡不仅是法治现代化的需要，也是实现民主政治的需要。立法是体现国家法治观念的基本判准，法治社会的立法必须体现现代文明的价值取向。应当肯定的是，我国在探索法治现代化的道路上做出了积极的努力，搭建了以《宪法》为根本大法，包括420多个法律和有关法律问题的决定、900多个行政法规、8000多个地方性法规和50000多个行政规章的庞大法律体系，而且还有不断扩充的趋势。我国在立法环节完善现代法治的同时，应积极推进司法制度改革，加快司法现代化的进程。

我们有责任以我们自己的经验为手段，通过传统去发现自己，并在传统的根源中找到我们自己的根源。在一个传统法律文化缺失、根基不厚的落后国家或地区，存在进行法律整体移植的可能。而在中国这样一个传统法律文化底蕴深厚、文化特质明显的文明古国中直接进行法律移植，则会陷入"橘生淮南则为橘，生于淮北则为枳"的尴尬境地。因此，要在传统法律文化与法治现代化之间寻找契合点，必须深入传统文化内部去探究中国传统文化产生的社会、经济、意识形态等深层根源。中国传统法律文化形成于中国漫长而发达的农业经济历史中，归属于公法文化，而西方法律文化相伴于商品生产和工业经济的发展过程，必然是一种私法文化；中国传统法律文化反映的是封建君主法自君出，法与威势、权术结合，最终达到维护和巩固专制统治的人治精神，而西方法律文化以法律面前人人平等之最高原则保障人权、实现法律统治的法治精神；中国传统法律文化对于在古老的中国这样一个幅员辽阔、民族众多的大国里维护中央集权统治，维系在政治、经济、文化、军事和外交等方面大一统的格局起到了不可或缺的重要作用，西方法律文化则在倡导和维护个人的独立、自由和平等等各项权利、积累个人财富和保障民主的社会生活方面发挥了并仍发挥着巨大作用。

　　中国不可能靠简单地移植西方法律来实现法治现代化。同时，中国传统法律文化的先天特质也决定了中国不可能靠传统法律文化的内在消解系统克服困境，自发生长出现代法治的果实。中国的法治现代化之路必须靠我们耐心地在国人的思想意识里一点一点地播种民主、平等的种子，植入契约、权利的幼芽，在中国的社会结构中一点一点地扶持中产阶级发展壮大。与此同时，我们应通过现代法律制度的建构来催生中国法治精神的成长，发展市民社会，激发人民群众对现代法治的诉求，使法治真正成为全体人民趋同的目标和自觉的行动。

第五章 中国传统法律文化对法治现代化的积极影响

一般而言，在现代法治社会，法律在整个社会规范体系中的最高权威性是无须质疑的。但这并不意味着社会需要以法律来统管一切，也不意味着法律将取代其他社会规范的作用。因此，在强调国家法律的统一性和权威性的同时，如果能把公共道德、民族习惯等用来辅助法律以约束人们的行为，更为充分地利用传统文化，必要时借鉴国外一些成熟法律等优秀成果，或许能够取得更好的效果，实现传统法律文化的成功转型。

今天，中国传统法律文化的现代性转化问题，依然是紧接着政治经济体制改革后又一重要的问题。中国传统的法律文化体现的是典型的农业社会的法制文明，在一定程度上与现代化工业文明所强调的科学民主的法制精神相背离。因此，我们要在传统文化的基础上，发掘有利的因素，赋予其新的时代意义，并引导其进行现代性的转化。

第一节 "以德为主"与"德法并举"的治国方略

调节人与人之间关系的手段是多方面的，一旦归结起来，主要是法律和道德两个方面，它们都对维护社会秩序发挥了重要的作用。就对社会行为的控制而言，道德从人们内心控制人的某种行为，具有前瞻性；法律则是从控制人行为的结果入手，具有滞后性。道德治"本"，法律治"标"。德礼与刑政应当兼施并用，才能营造一个安定的社会环境。中国传统法律文化也一直强调道德和法律之间的关系。早在西周时期就提出了"明德慎罚"的思想。"道之以政，齐之以刑，民免而无耻；道之以德，齐之以礼，有耻且格。"秦朝的短命教训，使汉朝以后的历代王朝都把道德作为治国的根本要务，由此形成了重视道德教化的传统。当然，过分强调道德教化的后果就陷入"人治"的漩涡，这与我们的现代法治是不相容的，要理性对待。

对于这一点，我们从历史中就能看到，德与法从来就是相辅相成、相互促进的。这使人们不得不把它们与现代社会的"德"与"法"联系起来思考。道德与法律共同构成人类社会的规范机制，从道德本身来看，道德是人性的一种本质规定，是社会发展和人性完善的价值目标。我们今天说的强调法治建设并不是反对和排斥道德建设，强调道德建设也不是反对和排斥法治建设，而是法治和德治齐抓共管，使法治和德治协调配合，以更好地调整社会关系。国家很早就明确了"依法治国"和"以德治国"的统一性，把属于精神文明的道德建设和属于政治文明的法治建设都放到了国家基本方略的高度上来，这就足以说明现代的法治理念在对前人继承的基础上有了合乎时代的发展。自从我国实行改革开放和建立社会主义市场经济体制以来，经济得到了突飞猛进的发展。但我们在强调依法治国的同时，不得不重视道德的建设。中华民族优良的道德传统是蕴含在传统文化中的，中国要建设法治国家，其价值体系也必须和中华民族的传统道德相一致，充分发挥传统道德的约束力，使社会主义的法治和德治相辅相成，才能使两者相互促进、相互发展，以此为构建社会主义市场经济提供双重保障。实践证明，我们的思路和做法是正确的，在以后社会的发展中，我们还要继续以此为指导思想走下去。

需要明确的是，我们今天提倡的"依法治国""以德治国"和历史上所提倡的"德法兼治"有本质区别。任何治国方略的实施都不能脱离当时的社会实际，不能脱离一定的社会生产力基础。传统法律文化中的"德法兼治"是与封建专制制度紧密联系的，最终的目的是维护封建统治，是为君主的"人治"服务的。而我们今天提倡的"依法治国"和"以德治国"恰恰与其相反，是与当今的社会主义制度紧密联系的，最终的目的是维护社会秩序的稳定，是保障人们的根本权利的。尽管二者有本质的区别，但在治国方略上，历史上的"德法兼治"思想还是给我们提供了一个很好的思路。

第二节　"无讼息争"与现代社会的调解机制

应当承认的是，产生于农业社会的"无讼"思想有它的历史局限性，在一定程度上导致了古代法学的不发达。这一缺陷无疑对当代的法治现代化是不利的，但是其中所蕴含的追求和谐的精神仍具有现代价值。"无讼"就是中国传统社会中人们对于秩序和稳定追求的集中体现，而秩序意味着在社会生活中存在某种程度的关系的稳定性、进程的连续性，意味着人们对自己的行为、自己的生活有着较为确定的预期。因此，稳定就成为压倒一切的中心任务。在这种情况下，传统文化中所追求的秩序价值就有了现实的意义。

"低头不见抬头见"的熟人社会仍是 21 世纪国人重要的生活模式。"贵和尚中"的传统仍然有着深厚的社会基础。我国现行的人民调解制度是人民群众的创举，也是对我国古代的调解制度的一种继承和发扬。中国历来就是一个讲究人伦关系的熟人社会，人与人之间更多的是靠血缘和地缘的关系联系起来的。古代的调解制度正是在这样的背景下产生的。中国古代"无讼息争"的调解制度，有利于社会的稳定，有利于人们相互关系的和谐。我国现行的民事诉讼中规定的人民调解制度，可以说就是对中国古代民间调解制度的创造性转化。通过一些社会组织或是有资历的人充当"法院"的角色，进行调解解决一些社会纠纷，不仅可以维护当事人原本良好的人际关系，更重要的可以防止矛盾的进一步激化，达到"大事化小，小事化了"的目的。这在一定程度上大大减轻了司法机关的压力，节省了司法资源。

近年来，以英、美为代表的西方资本主义国家都对中国古代社会的"无讼"调解制度产生了浓厚的兴趣，将其作为他们国家除了法庭审判外的另一种调解矛盾的方式。据统计，现在美国的民事案件都是通过代替法院的民间组织进行解决的，只有部分案件才进入最后的法庭审理阶段。在法治现代化的过程中，日本因其文化基础与我国的文化基础相似，在现代化的过程中，有很多值得我们学习的成功经验。例如，在法院的调解制度上，日本大胆地吸收德、美等国的经验，同时把自己的国情作为制度设立的基本。尽管日本的司法组织架构是西方的，但日本法律的社会运作是根植于本土之上的。正如一些日本教授所指出的，日本法律是一种"没有现代的现代化"，是"另一种现代化"。中国的人民调解制度甚至还在世界上赢得了很高的声誉，在国际上享有"东方一枝花"的美誉。

但今天民事诉讼法中规定的人民调解制度，并不是对传统"无讼息争"思想简单的复制，它是以社会主义的现代化法律规范和社会主义的伦理道德作为调解依据的，并不是凭借一些乡规民约或一些封建的礼仪道德。这种调解是在事情的结果已经非常明朗的基础上，来劝说当事人双方互相体谅、互相理解，不但从根本上解决了问题，还化解了一些可能产生的矛盾。这一点优于法律的强制性责任划分——虽然矛盾得到了解决，但是最终可能使双方当事人的矛盾更深，甚至反目成仇，从长远的角度来讲不利于社会的长治久安。难怪日本著名的律师天野宪治这样称赞中国的民间调解制度：“完全没有想到中国的民间调解会是这样好的一个组织，为民排难解纷，既能确保社会安定，又能增加人民之间的团结，又不接受任何报酬，这在世界其他国家是完全没有的先例。”

第三节　“重义轻利”与现代社会的义利取向

在人的本性中都有对于名利追求的倾向，人们都希望自己的利益能够最大化，这是大家都承认的。以孔子为代表的儒家，认为趋利避害本就是无可厚非的，但是也要取之有道，这种利益观在今天的市场经济条件下仍具有积极的意义。

我国逐步建立了社会主义市场经济体制，市场经济在给人们的物质生活带来巨大变化的同时，也给人们的思想带来了深刻的影响。可以说，市场经济是一把双刃剑，其带来的效应是双方面的。一方面，它改变了人们的思想观念，人们可以充分发挥自己的积极性和创造性，尽可能地创造更多的财富和更大的价值。另一方面，由于经济的发展和制度的不协调性，市场经济在发展初期还具有盲目性。市场经济提供的宽松的环境容易导致人们产生拜金主义、极端个人主义，甚至还会出现以权谋私等腐败现象。这些都是不可避免的，也是我们在完善市场经济体制中需要重视的。市场经济中也同样存在“义”“利”之间的矛盾，这时我们就要借鉴前人的观点，摆正“义”“利”之间的关系，弘扬其积极方面的影响，抑制其消极方面的影响。“重利轻义”，追求利益还要取之有道。笼统地说，“义”就是要遵守相应的市场秩序。市场经济时期，一旦缺少了公平竞争、诚实信用，经济活动就无法正常运行。为了确保市场经济的正常运行，就必须设立相应的法规，并在人们的意识形态中形成普遍认同的道德规范。要建立适合市场经济的法律规范和道德规范，根本的问题还是如何摆正“利”和“义”的关系问题。在市场经济条件下，人们经济活动的最终目的都是追求最大限度的利润，即追求最大限度的“利”，但求“利”的过程中就必须遵循一定的“义”，具体来说就是指一定的法律法规和人们的道德习惯方式。“利”和“义”既是对立的，也可以是统一的。在社会主义市场经济条件下，任何经济行为都应该符合“三个有利于”，即有利于发展社会主义社会的生产力、有利于增强社会主义国家的综合国力、有利于提高人民的生活水平。达到了这个标准的经济行为就是将“义”与“利”统一的行为，就是合乎法律规范和道德规范的行为。

第四节 "民本思想"与现代社会的以人为本

我国传统社会中的"民本思想"主要包括民为国本、民贵君轻等几个方面的内容。这种"民本思想"起源于商周时期,"以德配天"就是西周时期这一思想最集中的体现,后来得到各个学派的继续发扬。传统"民本思想"的主要内涵是统治者只有具备了崇高的道德品质才有资格来管理百姓,这是统治社会的前提。一旦统治者"失德",就不再符合"天意",而新的、道德高尚的统治者也必然会取而代之。尽管古代这种说法有些近似神秘的成分,但是提醒了我们要重视民众的力量,失民心者失天下。民本思想得以确立主要还是要感谢儒家的学者将其正统化。儒家创始人孔子较早地提出重民、富民的思想,孟子提出"民为贵,社稷次之,君为轻",把民众摆在了比君与社稷更重要的位置。经过汉、唐、宋时期,民本思想不断发展完善。唐太宗继承了传统儒家的民本思想,治国须以民为本。他主张要给予民众充分的时间进行休养生息,改善民生。宋代在治国思想上也把"民本"观念作为一种"天理"深化于统治阶级的内心,制定了"安民""宽民""顺民"的政策。传统的民本思想作为当时政治文化的一个主要部分,对于封建国家治理社会起到了一定的积极作用,从封建社会的大背景来看具有进步意义。

民本思想原本是封建社会的思想家为维护封建统治而设想的,强调君主治理国家要充分发挥民众的力量,与今天我们提出的"民本"思想还是有本质的不同的。如今我们提出的以人为本是现代国家治理的理念,强调社会和国家要不断地满足人们的需要,切实维护人发展的权利,实现人的全面而自由的发展。传统的民本思想是以人为本的思想来源,而以人为本则是对民本思想的进一步的突破和创新。中国共产党人在不同的时期都提出了以人为本的思想。新民主主义革命时期,以毛泽东为代表的中国共产党人提出了要全心全意为人民服务,创立了群众路线。改革开放以来,邓小平从当时的社会实际出发,否定了"两个凡是"的观点,提出了"三个有利于"的判断标准。在新的时代背景下,江泽民审时度势提出了"三个代表"重要思想,把"始终代表中国最广大人民的根本利益"写入党的指导思想中,充分体现了党对人民的重视。党的十六大以来,党中央提出了以人为本,全面、协调、可持续的科学发展观。而以人为本则是科学发展观的核心。以人为本强调以人为中心，让民众充分地享受到社会发展带来的成果，并以人的全面而自由的发展作为人发展的最终目标。党的十八届五中全会以来，习近平提出了"以人民为中心"的发展思想。这些都是不同时期共产党人以人为本的具体体现。以人为本吸收了传统文化中民本思想的以人民为中心的合理内涵，并继承了传统民本思想的精华，实现了对民本思想的新超越。

第六章　中国传统法律文化与中国特色社会主义法律文化构建

第一节　中国传统法律文化的现代价值

在现代法治的进程中，为了实现完善中国特色社会主义法律文化体系的目标，存在着不同的构建模式：有主张"休克疗法"的，认为要建立现代法治国家，必须"先死亡后再生"，推翻传统的所有价值理念，在废墟上重新建立；有主张"本土资源"的，强调要充分利用中国现有的及传统的法律文化和法律价值。然而，任何法治的构建都离不开自己的传统，中华民族本源的法律文化是构建中国特色社会主义法律文化不能割舍、不可或缺并起决定作用的内源力，要建立中国特色社会主义法律文化体系，必须尊重中国传统，充分利用中国传统法律文化，而且，中国传统法律文化中确实有不少与现代法治理念相容的东西。本节试图从中国传统法律文化与中国特色社会主义法律文化之间的关系，从中国传统法律文化的特征中找寻传统法律文化与中国特色社会主义法律文化的相容之处，并就此谈一点看法。

一、中国传统法律文化的多角度透视

法律文化是由社会物质生活条件所决定的法律意识形态，以及与此相适应的法律制度、组织、机构的总称。中国传统法律文化是中国几千年来法律实践活动及其成果的统称，是指从上古起至清末止，广泛流传于中华大地的具有高度稳定性和持续性的法律文化。中国传统法律文化的特征主要有以下几点。

（一）"德主刑辅"的法律文化，"礼法兼治"的社会综合治理模式

在中国传统法律文化中，儒家学说占据了重要地位。自汉武帝独尊儒术以

来，儒家法律思想是在"德主刑辅""明刑弼教""出礼入刑"等原则下实行儒法合流的。法律思想推崇"仁政"，"礼"被视为治理国家的根本制度和统治方法，主张"出礼入刑"，在"礼、法、德、刑"的关系上"德主刑辅"，即强调道德教化为主、法律强制为辅，主张"礼法兼治"的社会综合治理模式。

（二）无讼的价值观，节约成本的社会矛盾调解机制

"天人合一"的哲学基础造就了中国传统法律文化追求秩序的和谐，而"讼"是矛盾的集中体现，无讼才能和谐，所以中国传统法律文化在价值取向上素来是"无讼的价值观"，以诉讼为耻，"无讼为德"，无讼成为一种最佳的社会秩序状态，在这种价值观的主导下必然使矛盾的调解止于内部或私了，这就大大节约了因形成诉讼而需支付的诉讼费、代理费、调查取证和差旅等开支，大大节约了社会成本。

（三）"重义轻利"的义利观，"见利思义"的价值取向

儒家思想的"重义轻利"的主张一直对封建社会有着深远的影响。中国古代思想家强调在"义"与"利"发生矛盾之时，应当"义以为上""先义后利""见利思义"，反对"重利轻义""见利忘义"。中国是一个农业社会，经济落后，统治者的重农抑商的政策使商人阶层萎缩，"追利"的思想受到限制和打击，这种对"利"的态度和儒家的"德主刑辅"的思想相连就形成了"重义轻利"的义利观。

（四）集体本位的责任意识，整体、系统的法律价值观

在中国传统道德的发展演化中，公私之辩始终是一条主线，《诗经》中的"夙夜在公"、《尚书》中的"以公灭私，民其允怀"、西汉贾谊的《治安策》中的"国耳忘家，公耳忘私"等都强调以国家、整体利益为重，强调一种对集体的责任意识。

强调整体性、和谐性、统一性，是中国传统法律文化的显著特征。从先秦诸子的天人之辩，到汉武董仲舒"天人合一"的命题的提出，再到宋明理学家的"万物一体"论的形成，整体观鲜明地贯穿于中国古代思想史的全过程。中国古代史以家庭和家族作为社会的基本构成单位和国家政权的社会基础，个人是家族的缩影，国家是家族的放大。法律的功能首先在于确立和维护宗法等级制度，在确认社会总体利益的前提下来规定个人的权利义务，传统法律文化具有鲜明的集体本位主义的特色，就连清末的变法图存及在引进西方民主和宪政的过程中，都没有离开过集体本位，换句话说，清末变法图存，引进西方民

主和宪政是为了整个中华民族的复兴和繁荣，而不是为了实现个人的人权和自由，也正是在根本出发点上的差异导致中国的知识分子对西方的宪政和民主的误读。

当然，中国传统法律文化还有其他特征，如工具主义的法律理念，"刑不上大夫，礼不下庶人"的等级思想等，因为它们更多的是体现传统文化与中国特色社会主义法律文化相冲突的一面，在此不过多论述。

二、中国传统法律文化和中国特色社会主义法律文化的相容性

中国特色社会主义法律文化是现代法治的理论基础，是结合中国现代化进程中形成的一整套系统的法治理论及其相应的制度安排。理性、正义、权利，正是中国传统法律文化的精髓。中国特色社会主义法律文化的思想渊源，一般都追溯到古希腊的伟大思想家。在西方，经过两千多年的发展，法治已从思想家的思想转变为一种切实的国家形态，最终形成了一套系统的法治理论及其相应的制度安排。

现代法治主要体现为以下三项基本原则：法律至上的原则、法律面前人人平等的原则、人权与自由原则。

乍一看，中国传统法律文化与中国特色社会主义法律文化似乎并不具有兼容的特性，甚至在某些价值取向和法律理念上是彼此迥异且水火不容的。然而，要想判断两事物的相容与否，并不是找出他们的相似之处，我们讨论中国传统法律文化与中国特色社会主义法律文化的相容性，是为了找出中国传统法律文化对中国特色社会主义法律文化有用的法治资源，并不是从表面上找其相似性这么简单。事实上，中国传统法律文化和中国特色社会主义法律文化的相容不仅是可能的，在构建现代法治国家的过程中也是必要的。

中国传统法律文化与中国特色社会主义法律文化相容首先源于文化本身在历史进程中的贯通性和连续性。历史和传统是无法割裂的，传统注定要对现实产生影响，任何一个社会都不能完全摆脱与过去传统的联系。法律文化作为人类历史的积累和沉淀，必然有其自身的延续性与承继性。中国特色社会主义法律文化建设若离开对传统法律文化价值的发掘与弘扬，则会成为无源之水，无本之木。自由、理性、法治与民主不能靠打倒传统而获得，只能在传统的基础上由创造的转化而逐渐获得。作为一个历史的连联过程，传统法律文化并未因其是历史的东西而丧失自身的价值，它在一定程度上以某种新的形式获得延续，进而在中国特色社会主义法律文化系统中发挥新的作用。

同时，一个国家或民族在其社会的发展与变革中都面临着如何使传统文化

与现代文化实现科学合理承接的问题。任何一个国家和民族的法文化都深深地植根于一定的文化土壤之中，都是在各自具体的民族环境和地域中产生和发展起来的，是延续千百年的民族文化在法律这种文化现象上的反映和折射。而这种文化一旦形成并经过长期发展就会根深蒂固地积淀于人们的文化心理之中，自觉或不自觉地指导或制约着人们的日常生活及生产实践。那种主张推翻所有传统的法律文化，在废墟上建立中国特色社会主义法律文化体系的想法不仅是幼稚的，也是行不通的。传统法律文化必然要与所准备构建的中国特色社会主义法律文化具有相容性，否则，即使构建了中国特色社会主义法律文化，也会遭到传统法律文化心理的排拒而无法实现，因此，现代法治与中国传统法律文化的相容性的研究抑或从传统法律文化中寻找其与中国特色社会主义法律文化相容的东西并加以改造，找出其现代价值就显得尤为重要。

三、中国特色社会主义法律文化中传统法律文化借鉴

（一）"德主刑辅"，道德渗透于法律的现代借鉴价值

"德主刑辅"是自汉武帝独尊儒术以来的中国传统封建社会的最基本的法律思想。固然，中国特色社会主义法律文化主张"法律至上""法不容情"，法律不能包含过多道德因素，但是我们也必须牢记，法治是良法的统治，丧失道德性支持的法律绝对不是良法，离开了道德评判的法律即使实现了统治也不是法治。传统法律文化对礼法的道德评判的关注，对中国特色社会主义法律文化具有借鉴意义。任何法律的制定及其最终实施，都离不开社会环境中的道德观念，离不开民众的心理的认同。我们看到，当前有的法律法规的制定由于充分考虑了民众的道德意识和道德观念，实施时收到良好的效果。因此，在推进法治的进程中，"德礼入法"的传统是值得借鉴的，法律应密切关注与各个历史时期相伴随的道德意识与道德观念，司法也应越来越多地体现人情与人性。一方面，立法者在创制法律的时候，必须以道德的基本原则与基本精神为指导，充分考虑人们的道德观念，在一定条件下，立法者甚至可以把某些重要的道德规范纳入法律规范，使其直接上升为法律，成为法律的一部分；另一方面，随着我国社会主义市场经济体制的逐步完善，人们的道德观念也会不断发生变化，立法者应注意对已经制定的法律进行必要的补充、修改和完善，以顺应道德发展的要求。

（二）"礼法兼治"的社会综合治理模式的现代价值

"礼法兼治"的社会综合治理模式，将法律建立在民族的伦理道德之上，

通过礼法互动来保证国家机器的有效运转。要实现我国建立现代法治国家的十六字方针"有法可依、有法必依、执法必严、违法必究",必须借鉴"礼法兼治"的社会综合治理模式,以礼行法,减少推行法的阻力,以礼明法,增强道德的约束力,同时在一定程度上可以弥补现代西方社会中法律与道德的紧张对立所造成的法律的僵化及普遍的道德冷漠。

(三)"重义轻利"的义利观的现代价值

在义利观方面,中国传统道德虽然主张"重义轻利",但并没有把义和利完全对立起来,只不过在两者关系上偏重于义,即强调"见利思义"。这种思想对我们今天建立市场经济新秩序具有积极的意义。"君子爱财,取之有道"、"取利有义"、"见利思义",这是包括市场经济在内的任何社会形态应具有的最起码的道德准则。诚信,是中国古代一向倡导的一个道德原则,"诚者,开心见诚,无所隐伏也","信者,诚实不欺,信而有征也"。孟子曰:"思诚者,人之道也。"可见,诚信既是为人之道,也是一切道德行为的基础。目前,我国"诚实信用原则"作为民法的基本原则在社会主义的市场经济活动中发挥着"帝王条款"的作用,与这种义利观也不谋而合了,我们在经济活动中应大力倡扬"诚信"的道德精神,以便社会主义市场经济在良好的道德氛围中得以健康发展。

(四)整体、系统的法律价值观的现代借鉴意义

中国传统的法律文化素来都强调整体性、和谐性、统一性,蕴含其中的"以整体的观点发挥法在治国和维持社会秩序中的作用"的理念,对于推进中国特色社会主义法律文化建设仍具有借鉴意义。

其一,法治是一个系统工程,是一个由法治原则、法治制度、法治组织、法治观念、法治过程共同构成的整体,是一个由合乎法治要求的立法、执法、司法、守法、法律监督共同构成的整体。只有单项发展,没有全面推进,是不能建成现代法治的。

其二,在司法实践中,要全面、系统地实现法的多重功能,应注意防止单纯的惩罚主义,既重视依法审判,也要重视思想政治教育,劝人悔过自新,导人向善,既要实现法的惩罚功能,又要实现法的教育、指引、预测及评价功能。

其三,就中国特色社会主义法律文化的驱动模式而言,中国法治化应当走政府推进型与社会推进型相结合的道路,既需要国家和政府自觉地担负起正确引导法治方向的时代责任,也需要社会民众广泛参与,使依法治国拥有牢固的群众基础,进而保证法治旺盛的生命力和无穷的动力来源。

（五）成文法、判例法共存，制定法与民间法并立的"混合模式"

中国传统法律文化从法律渊源上来说，是成文法、判例法共存，制定法与民间法并立的"混合模式"，尤其是清代成文法、判例法几乎是交互使用的，律和例甚至可以在一个案件中同时引用。"混合法"模式中的成文法、判例法共存集大陆法系成文法之严谨与英美法系判例法之灵活之长而避两者之短，其中的制定法与民间法并列又可以弥补制定法之不足，在法律之外，通过其他社会规范来调节社会关系。"混合法"模式下的法律实践活动可以有效地弥补法律的漏洞，实现法律的妥当性价值，更好地稳定社会秩序。

综上所述，在中国传统法律文化中确实有许多合理的因素与中国特色社会主义法律文化存在不同程度的相容相通。这些因素都是我们完善中国特色社会主义法律文化的重要的资源。但是，传统法律文化中的许多观念都具有两重性，我们必须对其认真甄别，去其封建性的糟粕，取其合理性的精华。更需指出的是，传统法律文化虽有许多可借鉴的因素，但它们的历史局限性决定了它们并不是可以直接拿来使用的，而是要根据时代的需要，赋予新的内容，使之随着时代发展而更新，从而更具生命力。

第二节　以传统法律文化为支撑的中国特色社会主义法律文化构建

一、中国特色社会主义法律文化与传统法律文化的继承关系

（一）"唯以法治"与依法治国

"治民无常，唯治为法"的提出者韩非子是法家思想的集大成者，他主张厉行法治，君主应当制定公开且明确的奖惩制度来治理国家，不论是谁违法犯罪，都要按法律论刑定罪。首先，法家思想认为，实行法治是人性的必然产物。"好利恶害"正是人的本性，无论是圣人，还是平民百姓，概莫能外。儒家所提倡的礼治、道德对于拯救乱世、安民治国来说不仅无补于世，而且隐患无穷。拯救乱世，唯法治一途。在此基础上，法家彻底否定了礼治，而提倡以赏罚为要素的法治。法治比传统礼治简单易行、易于操作，是治理乱世、定分止争的法宝："故圣人必为法令置官也、置吏也，为天下师，所以定名分也。"名分一定，则无论是吏是民、是智是诈、是能是愚，皆知其可为与不可为，天下于是大治。此外，法家还认为，实行法治是历史发展的大势所趋，法治较人治更

有利于社会的长期稳定。人治将国家的兴衰存亡完全系于君主一人身上是不明智的，因为君主大都为中庸之才。法治即"缘法而治"，正是以中庸之道治理天下为前提的，法制越完善，天下就越容易治理。法治与人治的区别就在于，任人而治则"千世乱而一治"，任法而治则"千世治而一乱"。

法家推崇的"法治思想"对当前中国特色社会主义法律文化体系建设具有历史性借鉴意义。我国正处于社会主义初级阶段，全面建成小康社会、全面深化改革、全面扩大开放、全面从严治党，都需要以良好的法治环境作为前提，需要更好地发挥法治的引领和规范作用。自党的十一届三中全会以来，我们党在深刻总结历史经验教训的基础上，把中国特色社会主义法律文化体系建设作为社会主义中国的治国之道和理政之策，带领广大人民群众依照《宪法》和相关法律的规定，通过多种途径和形式管理国家各项经济、社会和文化事务，保证国家各项工作都依法进行。党的十八大后，我们党进一步提出要坚持依法治国、依法执政、依法行政共同推进，坚持法治国家、法治政府、法治社会一体建设。党的十八届四中全会更指出，依法治国是坚持和发展中国特色社会主义的本质要求和重要保障，是实现国家治理体系和治理能力现代化的必然要求，事关我们党执政兴国，事关人民幸福安康，事关党和国家长治久安。这一系列重大举措，都让我们朝着构筑一个现代法治文明的大国目标迈进。

（二）"民为邦本"与法治为民

"民为邦本"的思想在夏朝就已出现，后经儒家的发扬，终成为中国政治思想的一大特色。传统的民本精神，主要体现在"民惟邦本，本固邦宁""民为贵，君为轻""民以君为心，君以民为体"等方面。民本思想对历代统治者有警醒作用，每一个清醒的统治者几乎都明白"水能载舟，亦能覆舟"的道理。所以，统治者为了江山的稳固，努力做到顺应民意。民本思想在一定程度上提出了如何正确处理民众、国家、君主三者之间的关系问题，也成为抑制君主专制无道、残害百姓的思想武器。民本思想蕴含着某些民主的因素，作为一种传统精神深植于民众的心里，与现代的法治为民最为接近，是构建中国特色社会主义法律文化极为重要的历史基础。

今天，全面推进中国特色社会主义法律文化建设必须坚持的重要原则之一，就是坚持人民主体地位，人民依然是依法治国的主体和力量源泉。我国《宪法》明确规定，中华人民共和国的一切权力属于人民。我国的法治事业必然也必须高扬法治为民的大旗，在立法、执法、司法等法治实践活动中，都以保障人民根本利益为出发点和落脚点，坚持法治建设为了人民、依靠人民、造福人民、保护人民，为人民群众有效地行使民主权利，参与国家和社会管理，自主从事正当活动，合理追求生存和生活状态的改善，提供法律上的支持与保护。

（三）"法不阿贵"与公平正义

公正执法，是中国古代思想家和政治家倡导的重要执法原则。"法不阿贵，绳不挠曲。法之所加，智者弗能辞，勇者弗敢争。刑过不避大臣，赏善不遗匹夫"，这句出自《韩非子·有度》里的论断就对公正做了最好的诠释。此外，还有"法尚公平""刑无等级""援法论罪""执法持中"等观点，都提出了执法活动怎样实现公正和维护法律权威的问题。

诚然，公平正义是法治的生命线。司法公正引领着社会公正，司法不公也从根本上摧毁了社会的公平与正义。习近平同志要求政法机关"努力让人民群众在每一个司法案件中都感受到公平正义"。因此，作为一种自古以来的朴素价值观，公平正义不仅应当在社会主义现代法治中鲜明地体现出来，而且必须得到有效的维护。为了更好地实现公平正义，党的十八届四中全会明确提出，进一步深化司法体制改革，推进严格司法、公正执法，强化司法监督，努力保障法律面前人人平等，法律判决以事实为依据、以法律为准绳，做到不偏不倚、不枉不纵。

（四）"德主刑辅"与多元治理

礼律合一、德刑并用，注重道德教化、重视犯罪预防，是中华传统法律思想中长期占据主导地位的理念。从"明德慎罚"到"德主刑辅"，再发展至"明刑弼教"，统治者都认为礼律二者对治国同等重要，不可偏废。孟子的"性善论"认为，人性生来具有仁、义、礼、智四种善端，后天教育可以加强自我约束，从根本上预防犯罪。严刑峻法只能使人不敢犯罪，而道德教化却可使人基于羞耻感而不愿犯罪。刑罚只能惩治于犯罪之后，而德教却可以禁犯罪于未萌，这两者相比较，道德教化对社会控制更有利。此外，思想家们还把犯罪的根源与人民的生活状况联系在一起分析。"仓廪实则知礼节，衣食足则知荣辱。"利用经济手段减少犯罪，就是儒家的"富民"思想。可见，中国传统社会对于犯罪问题的解决并不局限于一种手段，而是将道德、法律、经济手段综合运用，通过多元化治理方式推进社会管理体制的创新。

正是这种传统的法律思想纠正了当代西方"法律万能"的思维偏向，中国特色社会主义法律文化反对西方片面、绝对的"法律中心主义"。在中国特色社会主义法律文化体系中，除了《宪法》和相关法律等规范性法律文件外，还有党的方针政策、党纪党规、社会主义道德准则，以及为人民群众所广泛认同的公序良俗等，都共同对我国社会关系起到调整和约束的作用。党的十八届四中全会再一次强调，国家和社会治理需要共同发挥法律和道德的作用，必须坚持"依法治国"与"以德治国"相统一，大力弘扬社会主义核心价值观，弘扬中华传统美德，以法治体现道德理念，以道德滋养法治精神，这就是国家实现法律手段与其他社会治理手段和方式的有机结合。

（五）"无讼是求"与调解制度

中华传统文化中，长期流行着"以和为贵""无讼是求"的思想。孔子曰："听讼，吾犹人也，必也使无讼乎。"孔子并不讳言现实社会中尚有争讼无法消除，而自己解决争讼的方式与其他人也没有什么两样，即"听讼，吾犹人也"。但孔子同样认为，裁断争讼不只是在一时一事的是非上，而是要达到社会和睦的目的，即"必也使无讼乎"。因此，追求社会和谐、崇尚息事宁人的普遍法律心理，使整个中国社会形成了一种以诉讼为耻、无讼为德的法律心理文化。虽然以减少诉讼为方法并不能从根本上实现社会和谐，却在客观上减少了古代审判机关的受案数量，成为维护当时社会稳定的一条重要途径。

在现代市场经济条件下，利益愈加多元，纠纷也愈加复杂，传统的无讼价值观受到了很大的冲击。当人们处理各类纠纷越来越多地选择法律救济途径时，我国的调解制度得到充分发展，并体现出明显的化解纠纷、缓和矛盾、维护稳定的积极作用。调解制度将传统法律文化与中国特色社会主义法律文化相融合，通过中立第三方晓之以理、动之以情的方式化解当事人之间的矛盾纠纷，从而真正实现利益协调、案结事了。当前，我国已经逐步完善调解、仲裁、行政救济、司法诉讼等有机协调的多元化纠纷解决机制，形成了人民调解、行政调解、司法调解三级联动的社会大调解工作体系。其中，司法调解贯彻最为彻底，《中华人民共和国民事诉讼法》规定："人民法院审理民事案件，应当根据自愿和合法的原则进行调解。"实践中，法院将调解制度贯穿于适用调解类案件的整个诉讼过程，包括主持诉前调解、庭前调解、当庭调解和庭后调解，调解书与法院判决具有同等的法律效力。可以说，调解制度符合我国民间追求和谐的民族社会心理和历史文化传统，同时侧重于尊重当事人的合法意愿，节约了司法资源，促进了社会和谐稳定，是一种典型的从传统法律文化中汲取精华、在现代司法运行中加以弘扬的有效做法。

二、中国特色社会主义法律文化对优秀传统法律文化的吸收

（一）精华和糟粕

我们必须清醒地认识到，今天的中国特色社会主义法律文化绝不是中国传统法律文化的直接延续，而是本着唯物主义历史观，在辨别吸收和扬弃的基础上借鉴了其中的有益因素。马克思主义法学将法的历史类型划分为奴隶制法、封建制法、资本主义法和社会主义法，前三者统称为剥削阶级类型的法，与建立在生产资料公有制基础上的社会主义法律制度有根本区别。具体到中国，中国特色社会主义法律文化体系的完善意味着对封建专制主义法制的否定和取代，但这并不否认它们之间存在着历史联系性和批评继承关系。法的阶级性并不排斥法的继承性，社会主义法可以而且必然要借鉴古今中外一切优秀的法律文化成果。

毋庸讳言，我国传统法律文化中确实存在大量与现代法治精神严重背离的消极因素，包括倡导封建特权思想，行政权威高于司法权威，重人治、轻法治，重实体、轻程序，随意立法、随意改法等封建糟粕。但是，存在糟粕并不代表一文不值、一无是处。中华传统法律文化作为一种文化现象，本身具有强大的意识形态传承作用，经过了几千年文化积淀的稳定性和连续性。此外，中华传统法律文化中，还包含有许多科学、合理的因素，除了"唯以法治""民为邦本""法不阿贵""明德慎罚""刑无等级""以和为贵"等普遍的社会法律观念外，古代司法中"亲亲相容隐"的伦理价值、"明正典刑"的法制思想、"实质正义"的审判标准、"恤刑慎杀"的司法人性关怀、"礼乐刑政，综合为治"的治国思想及先进发达的立法技术、高超精湛的司法实务、设计周密的监察制度等一系列历史经验和做法，都蕴含着中国特色社会主义法律文化的价值趋向，只要进行合理扬弃，都可以为当前的法治建设服务。

（二）实现路径

《中共中央关于全面推进依法治国若干重大问题的决定》开篇强调，全面推进依法治国，建设中国特色社会主义法治国家，就必须要坚持从中国实际出发，坚持"依法治国"和"以德治国"相结合。这意味着我们绝不能照搬西方的法治理念和模式，而是要立足国情，走符合中国实际、具有中国特色社会主义法律文化建设道路；一手抓德治、一手抓法治，在弘扬中国特色社会主义法律文化的同时，汲取中华传统法律文化的精华。事实上，中国特色社会主义法

律文化的建设路径是相对清晰的。当前，全面推进依法治国，更应进一步培植和构建符合中国国情的社会主义先进法律文化。

1. 牢固树立社会主义法治理念

社会主义法治理念是中国特色社会主义法律文化的精髓和灵魂，是我国社会主义法治事业必须长期遵循的指导思想。其内涵集中概括为"依法治国、执法为民、公平正义、服务大局、党的领导"五个方面。其中，中国传统文化尤其是传统法律思想，就属于中国特色社会主义法律文化的理论源泉和实践基础之一。实践证明，传统法律文化被传统社会所选择，并且经过时间的积累和沉淀，有着特殊的稳定性和延续性。我国要在社会主义初级阶段全面建设法治国家，就要以国情为根本出发点，使中国特色社会主义法律文化根植于本民族深厚的历史文化土壤中，显示出鲜明的文化特色和民族特色。

2. 以积极的态度看待传统法律文化

以积极的态度看待传统法律文化，就是要做到"古为今用"，借鉴和学习中国传统法律文化中的积极因素。在中国特色社会主义法律文化体系建设中，大量借鉴和移植了包括马克思主义法学在内的先进西方法律文化成果，传统法律思想由于其封建专制色彩浓厚而在很长一段历史时期被全盘否定。所以说，我们在实现中国传统法律文化现代化的道路中，要树立对本土法律文化的自觉和自信，不仅要将本土法律文化与世界靠拢，还要考虑传统法律文化本身的价值和意蕴。

3. 注重中国传统法律文化与西方现代法律精神的对接

改革开放以来，我们审慎地吸收和参考了西方法治思想中有关法治构建与运作的一般性原理，如人民主权论、基本人权论、权力制约论、法律面前人人平等论等学说，也成功借鉴了现代西方国家发达的法律制度。虽然中国传统法律文化与西方现代法律精神在对接上难免会出现偏差，但法律文化具有共融性，因此，在中国法律文化现代化的进程中，我们仍然需要努力寻求中西法律文化的价值纽带，求同存异，促进在我国现存的法律土壤中成功运用西方法律文化的先进成果，避免文化移植带来的水土不服。

4. 在中国传统法律文化的基础之上进行转化和创新

法律的价值在于治国理政、维护稳定和定分止争。随着社会多元化的快速发展，中国传统法律文化现代化的进程不能仅是简单的拿来主义，也不能仅仅是将几种法律文化简单地拼接在一起，而是要将所有积极的因素组合成为一个崭新的有机整体。我们要构建中国特色的社会主义法律文化，就必须要使我国法律文化结构内部协调，把传统法律文化和当今的时代特点完美结合起来，把西方法律文化的优秀成果移植到我国的法律文化之中，这个过程不是简单的继承和学习，而是在此基础之上的转化和创新。

5. 重视司法实践中对中华优秀传统法律文化的弘扬

我们要重点在立法、司法、执法等关键环节体现出对民主法治、以人为本、公平正义、社会和谐等法律精神的弘扬。可喜的是，随着社会主义法治实践的深入，我国政法机关也越来越重视发挥司法传统中的积极因素，并将其中的一些优秀资源创造性地转化为具体的法律制度，或者直接运用于司法实践之中。譬如，为了体现儒法思想中矜恤、优待老者的原则，2005 年颁布实施的《治安管理处罚法》规定，对七十周岁以上的老人不适用行政拘留处罚；2011 年通过的《中华人民共和国刑法修正案（八）》也增加规定："已满七十五周岁的人故意犯罪的，可以从轻或者减轻处罚；过失犯罪的，应当从轻或者减轻处罚"，"审判的时候已满七十五周岁的人，不适用死刑"。又如，2010 年，北京市东城区人民法院在审理一起母女争夺房产的合同纠纷案中，在判决书中援引《孝经》进行说理，加强了论证的说服力，使法律判决充满人文关怀。

三、中国特色社会主义法律文化建设中传统法律文化的新生路径

我们经历了几千年的奴隶社会和封建社会，传统法律文化中存在的一些严刑酷法等糟粕需要我们抛弃，但也有一些精华与中国特色社会主义法律文化体系建设的要求有一定的相通性。所以，对于我国传统法律文化中的精髓可以采取"拿来主义"的态度，实现古为今用，而且要通过创新性思维将其转化，促使其能适应新时代中国特色社会主义法律文化体系建设的需要。为此，我们可以从三个方面着手。

（一）寻找价值的对接点

保证传统法律文化中的精华因素和新时代中国特色社会主义法律文化体系建设的价值相吻合，促使其价值性的现代转化。

1."和谐大同"思想与和谐的价值相对接

"和谐大同"代表了中国古代理想社会的最高境界。比如下面这个典故。

康熙时陆陇其任河北灵寿县知县，每审民事案件，则传唤原告、被告到庭，劝导调解双方说："尔原被非亲即故，非故即邻，平日皆情之至密者，今不过

为户婚、田土、钱债细事，一时拂意，不能忍耐，致启讼端。殊不知一讼之兴，未见曲直，而吏有纸张之费，役有饭食之需，证佐之友必须酬劳，往往所费多于所争，且守候公门，费时失业。一经官断，须有输赢，从此乡党变为讼仇，薄产化为乌有，切齿数世，悔之晚矣。"

这种思想和当前司法系统中的调解制度有相通之处。比如，最高人民法院发布的民事调解的一个典型案件，老李与妻子刘某生育有大李、小李两个儿子，大李成年后在外地工作生活。老李夫妻俩先后在厦门的宅基地上建起了两栋房屋。2004 年，刘某去世。2016 年，因老家征地拆迁，老李获得了四套安置房。2018 年，老李去世，老李的工作单位发放了抚恤金 15 万余元。遗产却让兄弟发生了争执，打起了官司。经过调解，兄弟握手言和。化解了诉讼纠纷，维护了家庭亲情，有利于社会和谐。我们社会主义核心价值观中，对于社会层面所追求的，正是这种和谐的社会状态。

2. 礼法并用思想与诚信的价值对接

以礼行法就是要通过宣扬礼教的思想，保障法律的有效实施，减少法律在运行过程中的阻力；以礼明法就是要通过加强社会主义核心思想的宣传，在全社会弘扬中华民族的传统美德，尤其是尊老爱幼、诚实信用等基本价值，使社会大众的道德观念进一步提升，加强社会大众的道德约束力，从而保障法律得到普遍的遵守。这在一定程度上，可以避免现代西方社会中法律与道德的紧张对立所造成的法律僵化及普遍的道德冷漠。

现在，我们正在建设诚信社会。同时，当前法院系统的执行难已经成为阻碍司法公信力与权威的拦路虎。我们可以运用传统法律文化中礼法并用的思想，用道德伦理的柔性规范与刑法等法律制度的刚性约束性结合。因此，党中央国务院提出，要进一步推进诚信建设制度化，要大幅度提高违法失信的经济成本，在全社会形成一种不敢失信、不愿意失信与不能失信的健全机制。比如，蔡某是萍乡市一名民营企业家。2015 年成为被当地法院曝光的"老赖"。蔡某与他人发生借贷纠纷后拒不执行法院判决，判决生效后，还跟法院玩起了"躲猫猫"。法院对他的存款、房产、土地、车辆等财产情况进行了调查，也没有发现有价值的财产线索。办案法官介绍，由于没有发现被执行人可供执行的财产，法院就依法将蔡某纳入了失信被执行人黑名单，被"法媒银"曝光。登上"黑名单"不到一个月，蔡某就主动找到法院承认错误，表示愿意立即履行判决，唯一的请求是希望法院撤销其失信记录。他对执行法官说，自从成为"老赖"，各种荣誉离他而去，走到哪里都被人戳脊梁骨，这种滋味不好受。

习近平曾强调，要加强思想教育、道德教化，让全社会充满正气、正义；要坚持依法办事，让遵法守纪者扬眉吐气，让违法失德者寸步难行。

（二）寻找现实的对接点

探寻传统法律文化中精华因素发挥作用的现代理论的支撑点，完善中国特色社会主义法律文化体系。

古代的"民监官"和现代对权力进行的制约有极大的相通性。民间采风调查始自西周，目的一是观俗，二是观政，前者是考察生民的民情、风俗、习惯，后者则是通过民情来观察统治者的德行。上书通常是指臣民向皇帝递交报告、汇报工作、反映情况、提出建议、鸣冤喊屈或举报违法犯罪等行为。传统法律文化中"民监官"精华思想，可以转化成为社会公众对权力监督的制度化和法治化。这就和《宪法》的相关规定有异曲同工之妙。首先，传统文化中德法并用的治吏经验为选官用人提供了经验。法家要求官吏要"德才"兼备，即要有公正、清廉、审慎的品行。现在则强调领导干部要讲政德。政德是整个社会道德建设的风向标。立政德，就要明大德、守公德、严私德。同时，党中央十分重视对领导干部的管理。为此，习近平总书记多次指出我国历朝历代都重视官吏选拔和管理，我们在选拔任免官员时一定要严格把握德才的标准，只有德才兼备，才能委以重任。同时，我们党一贯强调以德为先。即使是旷世奇才，若是无德之人，同样不堪重用。其次，要加强对公职人员权力监督的经验。比如，明朝洪武七年（1374）所修的《大明律》卷首上醒目地写着"治国先治吏"。古代的御史监察制度中，实际上就体现着现代法治社会中强调的"要让监督者独立于被监督者，在财权与事权上要相分离，不受它的控制与影响"。比如，御史是由皇帝亲自任命，对皇帝直接负责。新时代法治中国建设中的独立监督的制度设计就是传承和发展了御史监察制度。再比如互相监督的制度设计，也是借鉴了传统法律文化中的监察制度。御史的职责就是纠察百官的过失，但是百官也能对御史的贪污渎职等情形上奏皇帝，这样也就形成了互相监督。

习近平强调，要加强对权力运行的制约和监督，把权力关进制度的笼子里，形成不敢腐的惩戒机制、不能腐的防范机制、不易腐的保障机制。为此，我们进行了监察体制改革，根据《宪法》制定了监察法，实现了对所有行使公权力人的全覆盖，将制度的"笼子"进一步扎好，有效地避免了"牛栏关猫"的问题。

（三）寻找内涵的扩充点

将现代民主法治思想延伸到传统法律文化中的精华因素里，实现其内涵的扩充性的现代转换。

一是从民本思想寻找现代民主法治精神内涵扩充点。民本思想和现代法治精神中的民主思想具有相通性。诚然，民本思想不能等同于民主思想，其中部分内容也不符合现代民主的价值内核。比如，民本思想中就未体现主权在民的思想，也未体现要对权力进行制约的理念，等等。而现代民主法治思想要求我们执政党要以人民发展为中心，强调政府的一切权力都是人民赋予的。中国特色社会主义民主法治思想强调的是一切权力属于人民，要加强权力的制约与监督。这种具有鲜明特色的民主法治思想，在国际社会中也得到了普遍认可与尊重。中国传统的民本思想并没有法律制度为其保驾护航，民本思想是"君主"治国理政、保障社会长治久安的一种工具，所以民本思想是否能顺利发展和实践主要靠的是"君主"的道德自觉。"以人为本"的法治思想是中国特色社会主义法治体系的实质内涵，也是中国特色社会主义法治体系的应有之义，在全面推进依法治国的进程中起指导作用。同时，中国特色社会主义法治体系为"以人为本"的执政理念和治国之本提供了制度保障。

二是从"慎刑"思想中寻找现代法治精神内涵的扩充点。"慎刑"是中国传统法律文化具有和谐价值的重要组成部分，具有缓和阶级矛盾、维持政权稳定的作用。"宽严相济"是当前我国具有社会主义法治特色的刑事政策，对于化解社会矛盾、最大限度地减少不和谐因素、维护和谐稳定的社会秩序等方面有重要作用。"宽严相济"与"慎刑"存在历史的相通性，"宽严相济"的传统文化基础是"以人为本"和"德法兼济"，而传统社会实现社会稳定、长治久安的法律手段即是"慎刑"。"慎刑"的理念在立法上表现为"刑罚世轻世重"；在司法层面上体现为程序上的严谨及人伦关照。"慎刑"促进了中国古代社会的稳定及政权的长治久安，对当前"宽严相济"刑事政策的立法及司法实践也具有借鉴意义。

正是如此，全国人大常委会才将死刑复核的权力收归最高人民法院。执行死刑的决定，要由最高人民法院的院长亲自签署。死刑案件的复核收归最高人民法院，就体现了"慎刑"的思想理念。

习近平指出，不忘历史才能开辟未来，善于继承才能善于创新。只有坚持从历史走向未来，从延续民族文化血脉中开拓前进，我们才能做好今天的事业。百年治乱兴衰的经验与教训表明，法治中国建设不能离开传统法律文化的积淀，不能对西方法律文化、制度盲目崇拜，更不能走全盘西化的邪路。当然，西方的法治理念在一定程度上可以促进中国法治的启蒙与成长。但是我们要坚定文化自信，要根植于我国的传统法律文化的土壤，吸收传承传统法律文化的养分，同时，还要借鉴吸收全人类共同法治文化遗产。

四、中国特色社会主义法律文化的发展路径

（一）批判地继承中国传统法律文化

传统文化中有着自身独特的特点，不仅具有浓烈的历史性和遗传性，还具有鲜活的现实性和变异性，中国传统法文化在我国社会发展变化的今天仍然彰显着难以掩饰的优势，推动中国特色社会主义法律文化、中国文化和中国社会的发展与进步。传统文化是一个国家、一个民族在数千年的历史发展中积淀下来的人们的观念，其中的重要组成部分就是法律文化，它是传统文化当中不可分割的一部分，是文化发展的重要体现。中国的传统法律文化历经千百年的发展，积累了许多与各个时代相适应、推动社会发展的内容，这些内容所具有的积极作用，在今天仍然适应中国特色社会主义法律文化的需要，是我们应该大力继承与发扬的。如强调"德治"与"法治"相结合，一方面强调道德对社会的调节作用、重视人际关系和谐以及重视调解；另一方面，也从人性角度，突出"法治"的不可缺少性。这些既符合中国的历史，也符合中国的现实，这些成分完全可以在改革开放的今天进行完善法治，增添新的更体现时代进步的内容，为我国社会的现代化发展服务，奠定中国法律文化现代化的基础。当然，如同一枚硬币，任何事物都具有两个方面，中国传统法律文化也是如此，它既包含推进中国法律文化现代化的因素，也不可避免地存在一些体现时代特点、不利于中国传统法律文化现代化的消极成分，我们必须要剔除这些消极的思想。

1. 弘扬中国传统法律文化中的积极因素

（1）"天人和谐"的思想

在中国传统法律文化中，"天人和谐"是一个非常重要的思想，这种思想体现了人对自然的敬畏和尊重，也表达出人追求与自然和谐共处的强烈愿望。而在科技不断发展进步的今天，生产力水平不断提高，使人们对自然单向索取的情况越来越严重，造成的结果就是带来了许多破坏生态环境的问题。如今，这些问题都出现在我们的现实生活当中。面对不断被我们破坏的生态环境，我们必须要采取措施，可以通过法律的手段来调整人与自然环境的关系。在我们的发展道路上，一定要坚持可持续发展的战略，坚持创建资源节约型和环境友好型的社会。只有这样，才能真正地实现"天人和谐"。建设与和谐社会相适宜的现代化的法律文化，一定要继承和发扬那些对中国现代化发展和建设有益的内容，并将这些积极的因素作为建设现代法律文化的基础。一种法律制度的历史在很大程度上是向他国法律制度借用材料以及将法律之外的材料加以同化

的历史。为了实现中国传统法律文化的现代化，我们既要大胆地引进、吸收西方法律文化当中优秀的理论成果，还要使西方法律文化中优秀的理论成果与我国的法律文化完美地结合起来，真正地使这些优秀的理论成果本土化，让这些成果为我们所用。只有这样才能加快中国传统法律文化现代化的进程，完善我国现有法律制度，提高我国人民的法律道德修养。把西方法律文化中优秀的理论成果应用到中国现实将是一个既复杂又充满挑战的过程，这当中最大的挑战就是要防止外来文化对我国传统文化的侵袭。我国法律文化现代化的道路不是一帆风顺的，我们一定要吸取失败的教训，培植符合我国实际的中国特色社会主义法律文化。

（2）"民本主义"的思想

"民本主义"思想是我国传统法律文化的一个重要内容，也是大多统治者的执政思想。例如，唐太宗认为，作为一个国家的君主，一定要把老百姓的冷暖和利益放在首位。尽管这一时期的"民本主义"思想都带有一定的局限性，但是传统的"民本主义"思想所提倡的爱民精神在我国发展的过程中已然被大多数人所接受。在"民本主义"思想的影响下，越来越多的人都站在人民大众的立场上，为人民着想，呼吁善待人民，关注劳苦大众的生活，改善人民生活，并进一步增强国力，使我们国家变得更加繁荣和富强，它对我们构建和谐的社会主义国家也有着非常重要的意义。在我国社会发展的历史长河中，很容易发现一个规律，就是只有把人民当作立国之本，国家才能兴旺发达、长治久安，如果对人民施行专制，那么这个国家和政府必定很快被人民所推翻。因此，在我国的发展道路上，一定要适应时代的潮流，坚持弘扬中国传统的"民本主义"思想，使广大人民群众成为国家的主人，让法律真正为人民服务，能够真正地反映人民意志，这样才能够体现出我国社会主义制度和中国特色社会主义法律文化的优越性。

（3）传统法律文化中的义利观

"义""利"之间的相互关系的问题早在春秋时期就已经受到人们的关注。孔子曾经对此有过这样的描述，人们必须经过正当的途径取财获利，人们的行为一定要符合社会规范的基本要求，要坚决反对通过不义不道的做法取财获利。这种义利观对我们今天的社会活动仍然具有非常重要的积极意义。取利有义、见利思义是中国的传统美德，这种美德就算在今天也可以称得上是一种完美的人格要素。追求正当利益是我们国家经济政策和立法遵循的指导思想。市场经济虽然鼓励人们追求利益，以带来生产的发展和社会的进步，但是，在市场经济中仍然存在一定的盲目性，这种盲目性是由强烈的个人利益观造成的，通常表现为拜金主义、个人主义、以权谋私、权钱交易等一系列的不良现象。传统文化中的义利观的思想告诉了我们一个道理，就是我们应该在不违背道义的前提下去追求正当的个人利益。在此基础上设立相应的法律法规能够尽量避免和改善市场经济所带来的不良后果，并能在人们思想意识中形成被绝大多数人所认同的行为道德规范和法律规范。在市场经济条件下，所有经济行为的最终目的就是追求最大限度的利润，这无可厚非，但是我们应该时刻谨记不可见利忘义，要在遵守社会道德、社会正义的前提下去追求利益，要把"利"和"义"完美地结合起来，所谓"君子求财，取之有道"。坚持遵守社会道德、社会正义的前提下追求经济利益的原则才是真正遵循了"义"。如今在我国，只有有利于社会生产力的发展，有利于人民生活水平的提高，有利于社会、自然和谐，才是大"义"所在。

2. 摒弃中国传统法律文化中的消极因素

中国传统法律文化中也有些思想不再适应中国特色社会主义法律文化的发展。"轻法治、重人治"也是我国传统法律文化的一个特点，这在中国的古代体现得尤为明显。在儒家的思想当中提倡贤人治国论，这一主张体现出了法虽然也是治理国家的一种要素，但是法只是君主的一种手段，并没有绝对的权威性，只有皇权才具有绝对的权威，这种重人治、轻法治的思想是消极的，是违背社会发展的，也就说明了在传统法律文化中也有不适合我国发展的因素。所以，法相对于人来说一直是处在从属地位的，法律只是一种工具，是君主为了维护自己的统治、树立个人权威的工具。在这样的社会背景下，君主的权力得到无限放大，甚至远远超过了法律。国家完全依靠君主个人的意愿进行法律的创设、解释及废除。这种皇权至上的思想长期存在于中国的历史长河中，不可避免地使法律的威严和权威遭到贬损，在一定程度上造成了人们的法律意识淡薄。

"礼主刑辅，明刑弼教"这一思想一直贯穿在我国传统的法律文化中。在中国的历史中，礼和德是调节社会关系的最高准则，而法仅起到补充的作用，所以，只有当礼在现实生活中不能让人自觉地遵守封建制度，不能有效防止犯罪现象的发生时，法才能发挥其应有的作用。在德与礼的关系上，他们是相互联系、相辅相成的，礼是德的指导原则，同时德又是推行礼的方式和工具。只要是依礼所行，必定是法所容忍的范围之内的；反过来说，如果是法所禁止的，那么一定是礼所不能够容忍的。由于受这种传统观念的影响，人们在发生矛盾时并不主动依靠法律来调理，反而倾向于运用伦理道德来调整。经济学家、教育家王亚南先生指出,一般的社会秩序不是靠法来维持的,而是靠宗法、靠纲常、靠下层对上层的绝对服从来维持的。这种模糊道德和法律界限的做法,一定会给法治建设带来消极的影响,阻碍并延缓社会的和谐发展。

(二)以积极的态度看待传统法律文化

以积极的态度看待传统法律文化就是要做到"古为今用"。当然这不是要我们硬从我国君主专制的法律文化当中找出法律文化的真谛,是要我们借鉴和学习中国传统法律文化当中的积极因素。在历史的发展过程中,中国传统法律文化受到了西方法律文化的影响,缺少一种能够打动民心的力量。所以说,我们在实现中国传统法律文化现代化的道路中,不仅要将法律文化与世界靠拢,而且还要考虑传统法律文化本身的意义和内涵。

(三)在中国传统法律文化的基础之上进行转化和创新

法律既产生于现实又为现实服务,这就要求我们在中国传统法律文化的现代化的过程中不仅要将两种法律文化简单地拼接在一起,而且要将所有积极的因素组合成为一个崭新的有机整体。我们要构建中国特色的社会主义法律文化,就必须使我国法律文化结构内部协调,把传统法律文化和当今的时代特点完美结合起来,把西方法律文化的优秀成果移植到我国的法律文化当中,这个过程不是简单的继承和学习,而是在此基础之上的转化和创新。

第七章　和谐社会视角下中国传统法律文化的反思

第一节　中国传统法律文化与和谐社会解读

一、中国传统法律文化的多视角解读

中国传统法律文化内容丰富，中国传统文化决定了中国传统法律文化的主要特征，也影响了历史发展进程。中国传统法律文化的解读，可以从中国传统的"天道观""人道观"（含"天人论"）两个方面加以阐释。也就是说，中国传统文化所特有的"天道观""人道观"决定了中国传统法律文化的内容和特色。

（一）天道观

中国传统哲学的天道观，一般说来有两方面的含义：一是天或大自然的客观规律，自然法则；二是天或神的合乎道德的意志。有时人们分别此两含义而言天道，有时又合此二者而言天道。在不同的学派或思想家的学说中，"天道"有不同的侧重点，这种侧重或偏向又与他们的天本体论紧密地联系在一起。天之道，在古代哲学里应包括三方面的重要含义，即阴阳之道、五行之道、仁道。

1. 阴阳之道

"一阴一阳之谓道"，这是《周易》对天道的实质概括。中国传统哲学认为，天地间的所有现象，所有存在，按其性质来分，可以分为两大类，即阴和阳。甚至精神现象亦有阴阳属性，如善、仁、爱为阳、恶、戾、残为阴。

关于阴阳的以下一些规律则基本上是大家公认的。这些规律可以叫作"阴阳之道"。首先，阴阳相分相反相对恃。中国传统哲学认为，阴阳是相互矛盾的，是矛盾的两个方面。《周易·说卦传》曰："分阴分阳，迭用刚柔"。其次，

阴阳相须，互为消长，极而必反，互相转化。《国语·越语》载范蠡语谓："阳至而阴，阴至而阳。"作为矛盾的两个方面，阴离不开阳，阳也离不开阴；无阴则无阳，无阳则无阴。矛盾的两个方面不可分离，互为消长，互相转化。再次，阴阳不可割裂，阴中有阳，阳中有阴。《黄帝内经》云："日中至黄昏，天之阳，阳中之阴也""鸡鸣至平旦，天之阴，阴中之阳也"。只有阴阳二者双向互含、互渗透，事物才和顺有序。最后，阳尊阴卑。其中董仲舒的意见最有代表性，他认为："阳始出，物亦始出；阳方盛，物亦方盛；阳初衰，物亦初衰……以此见之，贵阳而贱阴也。"

2. 五行之道

五行，是中国传统哲学中所认定的五种各具不同属性的物质元素，或是世间一切自然、社会及人生现象的五种属性、质、境界或状态。这五者分别是金、木、水、火、土。中国传统哲学关于五行之论有以下几个主要方面。

首先，五行相生。这种"生"，在古人看来，大概有些像父母生子女那样：从一种事物中产生另一种事物。其次，五行相克相胜。《白虎通》云："天地之性，众胜寡，故水胜火；精胜坚，故火胜金；刚胜柔，故金胜木；专胜散，故木胜土；实胜虚，故土胜水。"再次，五行不可相离，五者相资为用，不可互缺。五行中任何一者不可过盛，也不可缺。最后，五行与阴阳不可分离，二者相摩相交成物成秩序。古人一般以为，阴阳是言物质的基本元素、基本属性或道（精神）是两面；五行则是言构成世界万事万物（包括精神现象、人文现象）的五种基本材料或价值质因。

3. 仁道

阴阳之道，五行之道，都只解释了世间百事万物生灭变化的原因、表现、规律、背景、动力。阴阳是矛盾的两个方面，是世间最根本的矛盾所在，阴阳矛盾是世界变化的根本原因和动力。那么，世界上万物万事生灭变化的实质和目的是什么呢？中国传统哲学认为，是"仁"。此亦天道之根本原则之一，或曰天之"生生之道""仁道"。

天之道，是天（或自然）所客观地展现的存在和变化规律或原则。这些规律或原则，人类必须遵循。古代也有哲人还聪明地认识到，天意的真正表现不是灾异，而是民心向背。如春秋时随大夫季梁云："夫民，神之主也。"

"民之所欲，天必从之"，既然天（帝）是依人民的意愿来表现天意（或以人民之共意为天意）的，那么整天通过郊祭祝祷之类仪式讨好天神就没有多大意义了，所以子产讲："天道远，人道迩，非所及也。"孔子也说："未能事人，焉能事鬼。"既然天神是通过民众来视、听、示威，那么争取民心就是在讨好上帝，为政以德就是在敬奉上帝，上帝亦必依据为政者的"德"行来决定是否支持某一君王或政权。

（二）人道观

哲学的核心是人和外部世界的关系。天人关系一直是中国传统哲学的核心问题。中国古代思想家们很少单独讨论天道，其讨论天道者大多着眼点在于探讨人之道。把"应然的"人之道神化为天道，用天道来检讨批评人道，并致力于将现实社会改造得合乎天道，这一直是中国传统哲学的热门话题。

人类社会的根本法则、规律、道理是什么？中国传统哲学认为，就是应天、顺天、法天，亦即顺从天道，体现天道，实践天道。或者说，人之道，就是天之道在人类社会生活中的体现。古人认为，为顺从和实践天道，不得不在以下三方面确立人之道。

1. 法自然，不可逆天

无为而治，不必追求胜天，不必刻意追求有所作为。老子主张："人法地，地法天，天法道，道法自然。"庄子主张："依乎天理，因其固然""齐物我"。《道德经》这种主张简译之，就是效法自然，主无为，反对有为。以前人们总以为这只是老庄学派的主张。其实，是中国传统哲学的最大共识之一。《诗经》云："不识不知，顺帝之则。"《周易》亦云："黄帝尧舜垂衣裳而天下治。"实即主张法自然之无为。宁静生活才是法之目的。

2. 法天之秩序，"亲亲""尊尊"

中国传统哲学认为，天地自然之阴阳五行之道，其根本含义或实质是伦常之道。自然的阴阳秩序、五行秩序，实为尊卑有序，亲近有疏。人类应效法此种秩序，成就人道。子产认为："夫礼，天之经也，地之义也，民之行也。"董仲舒云："王道之三纲，可求于天""为人主者，法天之行""为人臣者，法地之道""君臣父子夫妇之义，皆取诸阴阳之道"。这些把天地秩序伦理化的思想，是中国传统哲学中的主要成分之一，也是中国传统哲学的主要特色之一。

3. 法天之生杀仁威，德刑并用

天道既以"生生"或"仁"为本，又以秋冬肃杀来辅助生生（阴者阳之助），则人之道必效之，当生杀并用（赏罚并用、德刑并用）。法天之阴阳生杀以为德刑、德刑并用、大德小刑的思想，一直是中国传统法律思想的主流，直到清末犹然。

而顺阴阳生杀之时季以行赏罚的观念，影响亦直至末。"赏以春夏，刑以秋冬"，成为中国法律传统的一种思维定式。

中国传统哲学认为，既然人是天地阴阳五行之精华的凝结，是天之仁善美的价值的凝结，天生人的目的是为了体现真善美，成就真善美，那么，人的使命就是尽人类之所能助天地之仁，即所谓"参天地，赞化育"。《中庸》云："唯天下至诚，为能尽其性；能尽其性，则能尽人之性；能尽人之性，则能尽物之性。能尽物之性，则可以赞天地之化育；可以赞天地之化育，则可以与天地参矣。"这就是说，天地万物之本质就是诚，亦即仁，人的本性亦是如此。真正体悟和践行此种本性（质）的人，可以赞助天地之生生盛举，这种人便可以与天为一。这是儒家的人生理想，亦是儒家认为人之使命所在。"贤人之治""道德教化""礼乐之治""亲亲""尊尊""敬祖睦族""德刑并用""君权至上""重义轻利""贱讼息讼"等，都是中国传统政治哲学认为人类使自己实现"参天地、赞化育"之使命的必由途径。

中国传统法律观念和法律制度，都是上述哲学观念在法律领域的应用或外化。可以说，上述哲学基础，是中国传统法律文化的灵魂。我们如果想全面深入地理解中国法律文化传统，就得首先认识中国传统哲学中的"天道观""人道观"，特别应认识中国传统哲学中的"天人观"。不理解这些，我们就会常常误解中国传统法律文化。最大的误解莫过于以中国古代之事比拟西方法律传统中的特定制度，或以西方哲学观念为基础去论中国法律文化的优劣长短。哲学基础的差异是文化基因差异，是不可以混淆的。以上我们可以看出，在今日中国的法律文化中，仍有传统哲学基础的某些遗留成分在起作用。要正确认识传统与现代的关系，就不可能不认真地去理解中国传统法律文化的哲学基础。

二、社会主义和谐社会的多角度解读

2004 年 9 月，中国共产党第十六届中央委员会第四次全体会议正式提出了"社会主义和谐社会"的概念，并明确指出社会主义和谐社会是全体人民各尽所能、各得其所而又和谐相处的社会：各尽所能是指广大人民群众的积极性、主动性、创造性得到充分调动和发挥；各得其所是指广大人民群众各方面的利益和愿望都能得到合理的满足；对于何为社会主义和谐社会，也基本已形成共识，主要是分析角度有所不同。

（一）社会主义本质论

社会主义本质论突出强调了和谐社会的社会主义性质，相关论述结合了邓小平的社会主义本质论，认为社会主义和谐社会是一个能够不断解放生产力、发展生产力的社会；是一个消灭了剥削、消除了两极分化，人们能够共同占有生产资料、平等相处、民主协商、自由发展的社会；是一个人民群众通过自己的辛勤劳动最终走向共同富裕的社会。

（二）人本论

人本论主要结合科学发展观，论述何为社会主义和谐社会。社会主义和谐社会无论是从理想目标来说还是从实践过程来说，都离不开人这个主体因素，都必须坚持以人为本。社会主义和谐社会从本质上说，就是一种人的主体价值得到充分尊重，人的主体作用得到充分发挥，人人各尽其能、各得其所而又和谐相处的社会。社会主义和谐社会，实际上是指以人为主体的社会和谐发展的状态，它包括人与自然之间的和谐、人与人之间的和谐、社会结构之间的和谐三个方面的基本内涵。

（三）内涵特征论

内涵特征论认为，社会主义和谐社会的内涵与基本特征具有同一性，胡锦涛同志所提出的六大特征正是社会主义和谐社会的内涵。有的虽然没有直接以胡锦涛同志的概括为依据，但概括的基本特征也与前者接近，并借以明确社会主义和谐社会的内涵。例如，陆学艺从八个方面概括了和谐社会的内涵，指出社会主义和谐社会应该是一个经济持续稳定增长，经济社会协调发展的社会；是一个社会结构合理的社会；是一个社会各个阶层都能各尽所能、各得其所，社会各阶层互惠互利、各自的利益都能得以基本满足，各阶层间的利益关系能够不断得到协调的社会；是一个没有身份歧视，每个社会阶层之间相互开放、社会流动畅通的开放社会；是一个公平公正的社会；是一个社会事业发达、社会保障体系完善的社会；是一个各阶层人民有共同理想、讲诚信、守法度、民风纯正的社会；是一个社会各阶层关系融洽、人民安居乐业、社会治安良好、社会稳定有序的社会。

（四）广义、狭义论

广义、狭义论认为，社会主义和谐社会有广义和狭义之分。有的学者认为，广义的社会主义和谐社会是社会主义社会经过充分发展而达到的一种相对完善、发达的社会状态，是共产主义社会实现之前的社会发展状态，是社会主社会发展过程中所希望、所能实现和达到的完美、和谐的社会目标、社会理想和社会状态的统一体。狭义的社会主义和谐社会是在社会主义社会发展过程中，在一定的时空状态下，即在近期、中期的社会发展阶段内，在某一地区、国家区域范围内，针对现实社会主义社会中存在的种种不和谐的因素和现象，力图并很有可能消除这些不和谐因素和现象而达到的更高水平的社会状态。根据其观点，我们所说的社会主义和谐社会应属于狭义的。

（五）来自不同学科的解读

政治学、经济学、社会学、伦理学、哲学等学科均对何为社会主义和谐社会进行了解读。政治学主要从阶级性、法制社会、民主政治、政府管理、执政能力等方面理解何为社会主义和谐社会；经济学主要从资源配置、均衡发展、经济增长、生产力与生产关系、资本与劳动、新制度经济学等角度分析何为社会主义和谐社会；社会学主要从社会价值、社会结构、社会阶层、社会环境、社会管理等方面解读社会主义和谐社会；伦理学则主要强调社会主义和谐社会价值观和道德要求；等等。社会主义和谐社会应是突出和谐社会的社会主义特征，体现社会主义本质的和谐社会，是社会主义基本制度基础上的和谐社会。

1. 社会主义制度是构建社会主义和谐社会的根本保证

社会主义制度是中国人民在经历了长期而痛苦的选择后确立的。中国的历史发展充分证明，只有社会主义能够救中国。我们今天所进行的全部工作，都是为了巩固社会主义基本制度，决不能动摇社会主义信念，决不容否定社会主义制度。构建和谐社会是为了巩固和发展社会主义，是要在社会主义条件下建设和谐社会。

2. 马克思主义是构建和谐社会的指导思想

有些人认为，社会主义和谐社会理论只不过是中国传统文化中社会和谐思想的翻版，甚至还不如中国传统文化中的社会和谐思想丰富深刻，这个观点是错误的。必须明确指出，中国传统文化只是社会主义和谐社会理论重要的、宝贵的思想资源，而不是根本的指导思想和理论依据；社会主义和谐社会理论的指导思想和理论根据是马克思主义，是毛泽东思想、邓小平理论、"三个代表"重要思想和科学发展观。

3. 继续深入推进社会主义改革是构建社会主义和谐社会的根本途径

从我国社会发展的实践来看，确实积蓄了不少社会矛盾和社会问题。这些问题也确实是社会发展中的不和谐因素，如何解决？只有靠不断地坚持社会主义改革，不改革没有出路。正如胡锦涛同志所说的，我们必须牢牢记取、坚持运用，并在新的实践中继续加以丰富和发展，毫不动摇地坚持改革方向，提高改革决策的科学性，增强改革措施的协调性，继续把改革开放伟大事业推向前进。

第二节　和谐社会背景下传统法律文化的困境与局限

传统法律文化对于和谐社会建构具有复杂的作用。在传统法律文化之中，既存在促进和谐社会建构的因素，如强调和谐的思想，也存在阻滞和谐社会建构的因素，如权大于法、法外特权、义务本位和法律工具主义等。对于这些阻滞因素我们必须着力消解。

一、权大于法

从历史上看，我国几千年的封建专制社会生成了"皇权至上""重权轻法"等一系列思想。在中国封建社会，皇帝作为最高的统治者，在国家政治生活中处于政治结构的金字塔顶峰，维护皇帝的权力、地位及个人尊严，树立皇帝的至高无上的独尊地位，是中国古代社会一切法律制度的宗旨。因此在权力与法律的关系上强调权力大于法律，主张权力是法律产生的依据和法律存在的基础，法律受权力的支配和制约，是实现君主个人专制的工具。法律成为皇权的附庸而丧失独立存在的地位，法律的至高无上性被皇权的绝对神圣所代替。

不仅如此，皇帝的统治还要通过一系列组织和机制来实现，这在古代中国就形成了具有严密系统的官制法，促进了吏治的发达。皇帝的绝对统治和吏治的发达，必然为权大于法提供现实的基础。皇帝口含天宪、言出法随，法律是帝王统治百姓的工具。

由于权大于法，统治者可以法外行事，可以法外用刑。皇帝之下的各个统治地区的"父母官"，就可以凭借自己的权势，置法于不顾，随心所欲，为所欲为，造成社会司法秩序的紊乱。皇族求情天子，亲故请托私门，以言代法，以权压法，以权破法，法律公正与法律秩序受到破坏。

这种流弊，已形成千百年，其习惯思维已经在人们头脑中扎根，而且至今仍不同程度地存在。其一，有人认为权大、官大就可以任意妄为。其二，有的法官知法违法、执法犯法。这些无视社会主义法治严肃性的做法，与长期以来受封建残余思想的影响有关，进而造成有法不依的现象，严重损害了法律的尊严，降低了法治威信，背离了社会主义和谐社会民主法治建设的目标。

二、法外特权

"礼不下庶人、刑不上大夫",法外特权在中国封建社会是法律化的规定。不仅皇帝高于法律,皇帝之下的皇亲国戚以及大大小小的官吏也拥有法律上的特权。虽然君主强调贵族和平民都要遵守法律,一切人都要在同一司法权以下,但是古代的法律始终承认某一些人在法律上的特权,在法律上加以特殊的规定,这些人在法律上的地位显然是和吏民迥乎不同的,我们不妨称之为法律上的特权阶级。

儒家的法哲学是封建社会法外特权存在的法理基础。按照儒家文化的理论,"礼"的最鲜明的特征就在于"正名",在于"分",即确立名分等级界限,由此形成了封建社会等级森严、官吏按等级享受各种特权的法律传统。皇帝高高在上,不受任何法律约束,各级官吏犯了法,可分别享受"议、请、减、赎、当、免"之特权。级别越高,特权越多,权力就越大,所谓"刑不上大夫",而且根据宗法制度,官贵可以荫庇亲属。贵族官吏的亲属犯罪也可以用请、减、赎等形式减轻甚至逃避法律责任。"刑不上大夫"的思想是与和谐社会中人格平等和"法律面前人人平等"的民主法治观念相对立的。在中国历史上,以"刑不上大夫"为核心的法律原则,挺立了几千年。在当今的现实生活中,这种法外特权的事例仍然存在。在权大于法的情况下,"刑不上大夫"不仅表现在某些干部本人认为自己理所应当享受特权,就连他们的子女亲属甚至亲朋好友似乎都能够规避应有的法律约束,这是与当今的和谐社会建构不相适应的。

三、义务本位

众所周知,宗法伦理原则是中国古代社会的基本原则。礼是宗法伦理的载体和体现。礼在社会生活与国家政治生活中的作用是无可替代的,即谓:"道德仁义,非礼不成;教训正俗,非礼不备;分争辨讼,非礼不决;君臣上下,父子兄弟,非礼不定;宦学事师,非礼不亲;班朝治军,莅官行法,非礼威严不行。"可见,礼治反映的是建立在宗法结构基础上的等级森严、尊卑有序的社会政治伦理秩序体系。

宗法伦理原则核心内容是"亲亲""尊尊"。"亲亲"的原则,强调的是敬爱的义务,要求父慈、子孝、兄友、弟恭;"尊尊"的原则,强调的是敬从的义务,要求下级必须服从上级,贱者必须服从尊者,不许犯上作乱。在这种礼治秩序下,个人并不是独立存在的实体,而是社会义务的存在物。由儒家礼教的家族本位的价值取向所决定,中国古代法体现出极强的义务本位性,其价值前提是要人们如何去保障国家利益和集体利益，如何维护社会秩序、履行社会职责，至于法律能为个体的人带来何等利益、规定了哪些权利则尽量少提或根本避而不提。

传统法律的消极影响仍然广泛地存在于社会主体的意识之中，支配着他们的行为。在这样的文化传统下，人们更多的是服从既定的法律、法规。此外，与义务本位相伴生的集团本位思想常常容易将小集团利益极端化、至高化，导致以情毁法。

四、法律工具主义

中国古代刑法起源从氏族社会进化到阶级社会，经历了一个漫长的过程，在这个过渡时期，其具体途径不是单一的，而是多角度的。比较而言，"刑起于兵"最能反映历史发展的真实性和中国古代刑法起源的特殊性。

法的这种独特起源途径决定了法只是作为工具而不是作为一种制度的精神或灵魂出现的。特别是进入封建社会后，封建思想领域大一统，在泛道德主义的影响下，儒家文化认为，道德同法相比道德规范是真实的、有价值的、美好的，特别是对人内心的效用性；而以暴力为手段的法则是不真实的、片面的，并不能使人们从内心深处自觉弃恶扬善。所以，儒家提倡"道之以政，齐之以刑，民免而无耻；道之以德，齐之以礼，有耻且格"。因此，在以儒家文化为基础的中国传统法律文化中，"法律精神只是道德精神的劣等代用品"，在发生冲突时，"法"总处于"情""理"和"义"的下位。法的防患功能让位于伦理道德，道德具有较强的规范作用，成为调整社会的主要手段，而法律只是次要手段，是道德的辅助手段，刑罚是工具，而道德教化是目的，即所谓的"德礼为政教之本，刑罚为政教之用"。因此，基于这种认识，在古代中国，法律最初一产生，即有人认为它是道德沦丧的产物，因而对其充满了敌意。

在古代中国，法律只是统治者驭民的一种工具和暴力手段，所以历朝法典编纂的特色之一就是以刑法为核心，体现出泛刑事主义的特点。对民众来说，法就是刑，是一种恐怖的象征，因而人们谈法色变，无不视诉讼和与官府打交道为畏途，民众始终将法律视为一种工具，是一种外来的强制的力量，法律规范价值没有内化为自觉的行为准则，人们无法对法产生亲近感和认同感，更谈不上对法律存在任何的信仰，这种状况的存在，严重不利于中国迈向法治的和谐社会。

第三节　建设和谐社会对传统法律文化的扬弃

必须坚持民主法治，这是构建社会主义和谐社会的重要保证。法治理念是一国法律文化的根基，只有将法治理念内化到每一个社会成员心中，法律才有可能真正被人们所遵从和接受。从我国法治现代化的进程来看，我国目前在制度建设上虽有大量的法律、法规，但是理念的缺失已成为当下制约法治进展水平的瓶颈。制度的构建必须要有理念支撑，推进现代法治，既要重视制度构建与制度创新，更要注意发掘、培植与发展法治理念。因此，要进一步深化法治现代化，首先应从理念角度着手，用正确的符合时代发展方向、符合客观国情的法治理念指导制度建设，构建完整的社会主义法治体系。

当下中国法治现代化进程中，构建法治文化、培育法治理念已成为一个重要课题，在此过程中需要在法治理念的层面上充分考虑中国传统文化对法律实施效力的影响。经过两千多年的积淀、净化，中国的文化传统具备了高度的稳定性、延续性和社会认同性。如果在法治文化中未对其加以适当反映，就会导致法治理念与传统文化的冲突，从而影响到法治理念的社会认同感和法治实践的社会效果。

中国传统法律文化源远流长，是一座巨大的思想宝库，对当前我国的法治建设既有积极影响，也有消极影响，我们应当"取其精华，弃其糟粕"，把那些积极向上的因素融入当代法律文化中，为建设社会主义法治国家服务。

社会主义法治理念应包含符合时代发展要求、体现社会调控规律、反映中国国民心理的传统文化内容。

一、和谐中庸的价值导向

中国传统文化中儒家"和为贵"的文化理念和"重义轻利"的价值导向，可以为民事调解制度的开展提供良好的理念根基。自汉代实行罢黜百家、独尊儒术的政策后，儒家文化一直是中国传统文化的主流。而"和为贵"是儒家提倡的核心价值思想。《中庸》有言："和也者，天下之达道也。"孔子的学生有若说："礼之用，和为贵。先王之道，斯为美。小大由之，有所不行，知和而和，不以礼节之，亦不可行也。"这些都旨在提倡以和谐的思想作为为人处世的原则，并且提出将礼作为维护和谐的具体行为标准。

在这种主流思想的影响之下，中国社会出现了一种厌讼的特殊民族心理和传统文化。《论语》中孔子就有这样的观点："听讼，吾犹人也，必也使无讼乎。"汉代儒学大师董仲舒也指出："古者修教训之官,务以德善化民,民已大化之后,天下常亡一人之狱矣。"由此可见,"无讼"和"天下常亡一人之狱"是儒家观念中的理想社会。兴讼是违背儒家道德规范和民间法规定的,但在复杂的社会生活中,纠纷与争讼实际上不可避免,出现纠纷之后,以调解定分止争,就成为信奉儒家思想的官员和百姓愿意选择与接受的最好办法。周代地方官吏中就有"掌司万民之难而谐和之"的"调人"之职,而所谓的"调人"在今天看来,就是调解纠纷的官吏。秦汉以来,司法官多奉行调处息诉的原则。至两宋,随着民事纠纷的增多,调处已臻于完善阶段。同时,儒家思想中强调重义轻利,认为"君子喻于义,小人喻于利",要求人们在处理矛盾纠纷时,主动学会让步。这些理念都要求矛盾双方以息事宁人的态度,通过调解实现互谅互让、化解矛盾。目前,调解制度因为在定分止争、构建和谐社会上具有无可比拟的优势,所以在中国仍然作为一种重要的结案模式。

二、修身立德的人品要求

中国传统文化中,儒家修身立德的个人品质要求可以为执法者和司法者的职业道德教育尤其是廉政教育的开展提供良好的理念根基。儒家传统文化始终将"以德立人"作为人生的最高目标。《左传》将"立德"放在人生三大价值的首位。《礼记·大学》开宗明义地指出:"大学之道,在明明德,在亲民,在止于至善。"《论语》中还提出执法者自身的德行与执法效果间存在关联性,即"其身正,不令而行;其身不正,虽令不从"。由于社会整体道德评价失范、价值取向紊乱、道德控制机制弱化,司法队伍也出现了腐化分子,从而影响了法官、检察官的整体形象,导致司法公信力也为之下降。要改变这种状况就必须加强执法者职业道德教育的力度,使法律职业群体真正认识到自身品德修养的重要性,而强调修身立德本是中国传统儒家文化的重要内容,因此可从中寻找丰富的理念给养。

三、注重伦理的道德文化

中国传统文化中注重人伦秩序的家庭伦理要求可以为我国婚姻家庭纠纷的处理提供良好的理念根基。中国古代社会是以自给自足的自然经济为主导的,小农家庭中按长幼尊卑形成了一个相对独立的宝塔型的等级结构。因此,根据这种乡土社会的以血缘关系为人伦秩序的家庭组织关系,孟子提出了"老吾老,以及人之老;幼吾幼,以及人之幼"的爱有差等的理论。在传统法律文化中,就利用人的爱有差等这种自然本能来规范亲属之间因血缘关系而享有的权利义务，从而使亲属关系变得更为牢固扎实，进而也使社会变得祥和安稳。

四、疑罪从无的法律原则

中国传统法律思想中，有"疑罪从轻惟赦原则"，即对定罪量刑有疑义或有争论的案件，实行从轻处罚或予以赦免的原则。《尚书·吕刑》要求对适用五刑有疑义的案件从轻宽宥，以赎刑代罚；对适用赎刑有疑义的案件从轻赦免，不追究刑事责任。

五、社会主义法治理念中应摒弃的传统文化糟粕

（一）传统的人治观念

现代法治精神的第一要义是法律至上，而中国传统观念最重要的表现是重人治、轻法治。在漫长的封建社会，金字塔式的权力结构和社会结构与儒家的礼教思想，决定了人治的深厚社会基础。这种文化传统强调为政在人，其人存则政举，其人亡则政息，即国家的命运、治理的权威全在于明君贤臣、清官廉吏。中国传统社会是以封建君主制为基本政治制度的社会，"人治"成为社会治理的主要形式。在封建君主制下，皇帝的权力没有限制，即使在法家提倡的法治情况下，也不能真正对君王的权力构成制约。正如管仲所言："有生法，有守法，有法于法。夫生法者，君也；守法者，臣也；法于法者，民也。"即使是历史上著名的法家学派，也并不认为法律有至高无上的权威，而只是把它看作帝王统治的工具。我国民众普遍存在的青天意识和期望官员替民做主的意识，从某种意义上也可以说是历史遗留的权大于法的表现。时至今日，这种观念依然残留在许多人的潜意识当中，法律的权威与尊严尚未真正树立。西方亚里士多德曾论证了"法治优于人治"的观点，他提出，凡是不凭感情治事的统治者总是比凭感情治事的人们优良，法律正是没有感情的。法治本质上是一种规则之治，其首先要实现的是治官、治吏。古往今来，对法治的威胁和危害主要不是来自公民个人，而是来自公共权力和官员。所以中国传统文化中的人治理念缺乏对权力的制约，随意性较强，与社会主义法治理念应具备的平等性、稳定性相冲突，应予以舍弃。

（二）忽视个体权利保护的意识思维

我国传统法律文化中忽视个人权利保护的内容应为社会主义法治理念所杜绝。中国传统文化对国家利益、集体利益保护较多，崇尚大公无私、因公忘私

的行为，但对个体利益、个人自由保护不足。例如，中国传统文化讲究三纲五常，偏重维护家庭秩序的稳定，忽视个体自由权利。在一定程度上讲，大公无私、因公忘私是中华民族的美德，但是如果这种妥协超过必要限度，就否定了人作为社会主体的个性。而尊重人的权利、自由和个性正是现代法治所追求的，今天虽然在制度层面上国家、集体本位主义的法律传统已被否定，但是在人们的思想层面上还或多或少的有影响。这在一定程度上导致我国公民对自身权利的忽视、维权意识淡薄的现状，从而不利于公民积极地以法治主体的身份监督政府行为，实现用权利来制约权力。因此，在社会主义法治理念中应突出对公民个人权利的保护，杜绝不适当的、不合法的干预，有助于社会主义和谐社会的建设。

（三）地位不同差别对待的特权思想

我国传统法律文化中的等级制度观念应为社会主义法治理念所否认。我国传统法律文化中，虽然有"王子犯法，与庶民同罪"的规定，事实上封建司法实践真正贯彻的却是"刑不上大夫、礼不下庶人"。八议、官当和准五服以制罪等的等级制度，严格区分官职、辈分、身份、地位的不同而处以有差别的刑事处罚。由于传统封建特权思想在老百姓心中还有较强的影响，因此现实社会生活中，有的老百姓打官司还习惯于找熟人、托关系，希望享受照顾，从而践踏了平等原则。社会主义法治理念的重要内容之一就是实现法律面前人人平等，因此应杜绝封建传统文化下特权思想的影响。孟德斯鸠谈到古代中国的法律、风俗和礼仪时认为，"他们的风俗代表他们的法律，而他们的礼仪代表他们的风俗"。民族的传统文化对于现代国家的法治化有重要的影响，因为它沿袭了传统中国的社会生活方式和思维模式，是法治本土化资源。只有那些与民族习惯相连，并且建立在民众普遍的法的观念之上的法律才是真正有效的，当代法律文化的发展需要从中国优秀传统文化中汲取营养。

总之，要正确认识、继承和发扬传统法律文化，必须要认清、把握传统法律思想的精神实质所在。要将中国传统法律文化中的精髓与中国社会和法治建设的现状相结合，充分发挥中国传统法律文化优秀成分的现代价值，推动中国法治不断成熟完善。

参考文献

［1］ 张中秋. 中西法律文化比较研究［M］. 北京：法律出版社，2009.

［2］ 陈晓枫. 中国法律文化研究［M］. 郑州：河南人民出版社，1993.

［3］ 柏桦. 中国政治制度史［M］. 3版. 北京：中国人民大学出版社，2011.

［4］ 高莉. 论传统法律文化的现代价值［J］. 法制与社会，2009（8）：9-10.

［5］ 王瑜. 浅谈习近平新时代依法治国实践道路［J］. 天津职业院校联合学报，2018，20（11）：119-122.

［6］ 张志铭. 转型中国的法律体系建构［J］. 中国法学，2009（2）：104-158.

［7］ 刘立明. 法治中国进程中传统法律文化的理性传承［J］. 理论月刊，2015（9）：67-73.

［8］ 董大全. 传统法律文化如何实现现代化转化［J］. 人民论坛，2016（31）：178-179.

［9］ 王春福. 文化价值的异质性和同构性与政治体制改革［J］. 理论探讨，2013（3）：31-34.

［10］ 崔静，王明文. 浅论当代中国法律信任何以缺失：以社会转型为背景［J］. 白城师范学院学报，2016（10）：47-50.

［11］ 陈秀萍. 试论当代中国法律与道德的冲突及其限制［J］. 南京社会科学，2008（7）：91-99.

［12］ 柏欣. 法律文化认同及其社会现实意义［J］. 湖湘论坛，2007（2）：99-101.

［13］ 蔡定剑. 中国社会转型时期的宪政发展［J］. 华东政法学院学报，2006（4）：3-18.

［14］ 郑玉敏. 我国法律文化研究的现状与发展方向分析［J］. 现代情报，2004（7）：13-15.

［15］ 蒋玮. 我国法律文化研究的方法［J］. 河南公安高等专科学校学报，2007（6）：106-108.

［16］ 张德淼．法律多元主义及其中国语境：规范多元化［J］．政法论丛，2013（5）：3-11.

［17］ 刘苇．中国当前法律文化冲突成因及整合功能［J］．社科纵横，2014（10）：59-62.

［18］ 董雪松．中国传统法律文化现代化的路径探析［D］．大连：辽宁师范大学，2014.

［19］ 江成斌．中国法律文化的原型与转型［D］．重庆：重庆大学，2009.

［20］ 范文涛．论中国法律文化主体的主体性生成［D］．长春：东北师范大学，2008.

后 记

中国特色社会主义法律文化是中国特色社会主义文化的重要组成部分，构建中国特色社会主义法律体系、建设社会主义法治国家必须解决好与之相适应的法律文化方面的问题。

对于法律文化的内涵，国内外诸多学者均进行过相关研究和探索。美国法学家弗里德曼认为法律文化是影响法律机制运作的各种软因素。苏联学者阿列克谢耶夫认为法律文化是一种特殊的精神财富。日本法人类学家千叶正士认为法律文化是以法的同一性原理加以综合的各种法律规范的整体。武树臣教授认为法律文化是支配法律实践活动的价值基础和该价值基础社会化的过程或方式。刘作翔教授认为法律文化是一个宏观的法学新思维，它既体现在作为隐形的法律意识形态之中，也体现在作为显性的法律制度性结构之中。本书涉及的法律文化概念，采用刘作翔教授关于法律文化概念的结构划分理论，即将法律文化划分为制度层面和思想意识层面两部分，且从文化和思想意识层面对中国特色社会主义法律文化进行梳理、研究。中国特色社会主义法律文化的主要文化渊源是中国传统法律文化。中国特色社会主义法律文化就是以社会主义为导向，以传统的优秀法律文化为根基，在借鉴符合现代社会要求的西方法律文化基础上建立起来的符合现代中国社会发展需要的优秀法律文化。中国特色社会主义法律文化主要包括法律制度、法律心理、法律意识和法律思想四方面内容。中国特色社会主义法律体系的形成标志着中国特色社会主义法律制度的建立，制度的建立影响着思想观念层面的法律心理、法律意识和法律思想的变化。

近年来，我国公民逐渐形成了对诉讼既不积极追求亦不抗拒回避的法律心理。人们日益重视学法、守法、用法，法律成为人们日常生活中不可或缺的一部分，但是还未完全达到法律至上的程度。我国逐步形成了以德法并举、法律面前人人平等和以人为本等法律思想。中国特色社会主义法律文化具有民族性、开放性、时代性、人民性和二元性的特征。

建设中国特色社会主义法律文化，应该大力弘扬中国优秀传统法律文化，科学借鉴西方法治经验，不断完善中国特色社会主义法律体系，坚持中国特色社会主义法治思想不动摇，并对公民进行法律思想宣传教育，积极构筑法律信仰，同时为中国特色社会主义法律文化的建设营造良好的经济、政治和社会环境。